MARCO POLO

ELSASS

Fünf Symbole sollen Ihnen die Orientierung in diesem Führer erleichtern:

★

für Marco Polo Tips – die besten in jeder Kategorie

für alle Objekte, bei denen Sie auch eine schöne Aussicht haben

für Plätze, wo Sie bestimmt viele Einheimische treffen

für Treffpunkte für junge Leute

(108/A 1)
Seitenzahlen und Koordinaten für den Reiseatlas Elsaß
(U/A 1) *Koordinaten für den Stadtplan Strasbourg im hinteren Umschlag*
(O) *außerhalb des Stadtplans*

Diesen Führer schrieben Peter Schenk und Jutta Hartlieb, Journalisten im Südelsaß und in Strasbourg. Beide Autoren leben seit mehreren Jahren im Elsaß und berichten von dort für deutsche und Schweizer Medien.

Die Marco Polo Reihe wird herausgegeben von Ferdinand Ranft.

MAIRS GEOGRAPHISCHER VERLAG

MARCO POLO

Für Ihre nächste Reise gibt es folgende Titel dieser Reihe:

Ägypten • Alaska • Algarve • Allgäu • Amrum/Föhr • Amsterdam • Andalusien • Antarktis • Argentinien/Buenos Aires • Athen • Australien • Azoren • Bahamas • Bali/Lombok • Baltikum • Bangkok • Barbados • Barcelona • Bayerischer Wald • Berlin • Berner Oberland • Bodensee • Bornholm • Brasilien/Rio • Bretagne • Brüssel • Budapest • Bulgarien • Burgenland • Burgund • Capri • Chalkidiki • Chiemgau/Berchtesgaden • Chile • China • Costa Blanca • Costa Brava • Costa del Sol/Granada • Costa Rica • Côte d'Azur • Dalmatinische Küste • Dänemark • Disneyland Paris • Dolomiten • Dominikanische Republik • Dresden • Dubai/Emirate/Oman • Düsseldorf • Ecuador/Galapagos • Eifel • Elba • Elsaß • Emilia-Romagna • England • Erzgebirge/Vogtland • Finnland • Flandern • Florenz • Florida • Franken • Frankfurt • Frankreich • Französische Atlantikküste • Fuerteventura • Gardasee • Golf von Neapel • Gran Canaria • Griechenland • Griechische Inseln/Ägäis • Hamburg • Harz • Hawaii • Heidelberg • Holland • Holländische Küste • Hongkong • Ibiza/Formentera • Indien • Ionische Inseln • Irland • Ischia • Island • Israel • Istanbul • Istrien • Italien • Italien Nord • Italien Süd • Ital. Adria • Ital. Riviera • Jamaika • Japan • Java/Sumatra • Jemen • Jerusalem • Jordanien • Kalifornien • Kanada • Kanada Ost • Kanada West • Kanalinseln • Karibik I • Karibik II • Kärnten • Kenia • Köln • Königsberg/Ostpreußen Nord • Kopenhagen • Korsika • Kos • Kreta • Krim/Schwarzmeerküste • Kuba • Languedoc-Roussillon • Lanzarote • La Palma • Leipzig • Libanon • Lissabon • Lofoten • Loire-Tal • London • Lüneburger Heide • Luxemburg • Macau • Madagaskar • Madeira • Madrid • Mailand/Lombardei • Malaysia • Malediven • Mallorca • Malta • Mark Brandenburg • Marokko • Masurische Seen • Mauritius • Mecklenburger Seenplatte • Menorca • Mexiko • Mosel • Moskau • München • Namibia • Nepal • Neuseeland • New York • Nordseeküste: Schleswig-Holstein • Normandie • Norwegen • Oberbayern • Oberitalienische Seen • Oberschwaben • Österreich • Ostfriesische Inseln • Ostseeküste: Mecklenburg-Vorpommern • Ostseeküste: Schleswig-Holstein • Paris • Peking • Peloponnes • Peru/Bolivien • Pfalz • Philippinen • Phuket • Piemont/Turin • Polen • Portugal • Potsdam • Prag • Provence • Rhodos • Riesengebirge • Rocky Mountains • Rom • Rügen • Rumänien • Rußland • Salzburg/Salzkammergut • Samos • San Francisco • Sardinien • Schottland • Schwarzwald • Schweden • Schweiz • Seychellen • Singapur • Sizilien • Slowakei • Spanien • Spreewald/Lausitz • Sri Lanka • Steiermark • Sankt Petersburg • Südafrika • Südamerika • Südengland • Südsee • Südtirol • Sylt • Syrien • Taiwan • Teneriffa • Tessin • Thailand • Thüringen • Tirol • Tokio • Toskana • Tschechien • Tunesien • Türkei • Türkische Mittelmeerküste • Umbrien • Ungarn • USA • USA: Neuengland • USA Ost • USA Südstaaten • USA Südwest • USA West • Usedom • Venedig • Venetien/Friaul • Venezuela • Vietnam • Wales • Die Wartburg/Eisenach und Umgebung • Weimar • Wien • Zürich • Zypern • Die besten Weine in Deutschland • Die 30 tollsten Ziele in Europa • Die tollsten Hotels in Deutschland • Die tollsten Musicals in Deutschland • Die tollsten Restaurants in Deutschland

Die Marco Polo Redaktion freut sich, wenn Sie ihr schreiben: Marco Polo Redaktion, Mairs Geographischer Verlag, Postfach 31 51, D-73751 Ostfildern

Titelbild: Colmar (Transglobe: Meckel)

Fotos: HB Verlag Hamburg (26); A. Kaeflein (29, 77); Lade: Sandhofer (62); Mauritius: Gruber (24), Hubatka (107), Leblond (49, 83), Mehlig (9, 17, 30, 41, 52, 70, 78), Vidler (4, 75); Schapowalow: Pelka (73); Sperber (11, 14, 23, 44, 58); Storto (47); Transglobe: Bässler (63), Eckhardt (74); Truöl (20, 32, 42, 76, 84)

7., aktualisierte Auflage 2000 © Mairs Geographischer Verlag, Ostfildern

Chefredakteurin: Marion Zorn

Lektorat: Nikolai Michaelis

Gestaltung: Thienhaus/Wippermann (Büro Hamburg)

Kartographie Reiseatlas: © Mairs Geographischer Verlag

Sprachführer: in Zusammenarbeit mit dem Ernst Klett Verlag für Wissen und Bildung GmbH, Redaktion PONS Wörterbücher

Printed in Germany

Gedruckt auf 100% chlorfreiem Papier

INHALT

Auftakt: Entdecken Sie das Elsaß! 5
Französisches Savoir-vivre und alemannische Gemütlichkeit: Im Elsaß sind Sie in der Fremde und doch zu Hause

Geschichtstabelle 6

Elsaß-Stichworte: Störche und Orgeln, Technik und der TGV 15
Das Elsaß hat seine Tradition bewahrt, ohne den Anschluß an moderne Technologie zu versäumen

Essen & Trinken: Gourmettempel und simple Weinstuben 21
Das Elsaß hat für jeden Gaumen und jede Kehle etwas zu bieten

Einkaufen & Souvenirs: Töpferwaren, Wein und Delikatessen 25
Und die Wochenmärkte bieten einen Hauch Exotik

Elsaß-Kalender: Blumenkorso, Öko-Messe, Schneckenrennen 27
Wenn die Elsässer feiern, geht es fröhlich zu

Hotel- und Restaurantpreise 31

Nordelsaß: Imposante Burgen auf steilen Felsen 31
In kleinen Dörfern herrscht Beschaulichkeit, alte Burgen und Ruinen locken als Ausflugsziele

Strasbourg: Elsässische Metropole und Europastadt 45
Zu Recht stolz auf ihre Vergangenheit, gibt sie sich zugleich betont modern

Zentralelsaß: Mittelalterliche Städte und Kulturschätze 59
Das pittoreske Colmar und die Humanistenstadt Sélestat lohnen allein die Reise

Weinstraße: Storchenzucht und Ritterburg 71
Geraniengeschmückte Fachwerkdörfer zeigen das Elsaß von seiner Bilderbuchseite

Südelsaß: Sanfte Hügel, Museums-Highlights und Vogesengipfel 79
Trotz seiner Reize ist das südliche Elsaß noch nicht allzusehr überlaufen

Routen im Elsaß 89

Praktische Hinweise: Von Auskunft bis Zoll 93

Warnung: Bloß nicht! 98

Sprachführer Französisch: Sprechen und Verstehen ganz einfach 99

Reiseatlas Elsaß 107

Register 131

Was bekomme ich für mein Geld? 132

Entdecken Sie das Elsaß!

Französisches Savoir-vivre und alemannische Gemütlichkeit: Im Elsaß sind Sie in der Fremde und doch zu Hause

Der Elsässer gilt im übrigen Frankreich als arbeitsamer und ordnungsliebender Zeitgenosse – sozusagen das Gegenbild eines Revoluzzers. Nur an die Sprache, das Elsässisch, an die darf man nicht rühren. Dann wird auch der gesetzeshörige, staatstreue Elsässer aufmüpfig. Diese Erfahrung mußte Anfang der neunziger Jahre die Pariser Direktion des Fernsehsenders FR3 machen. In der fernen Kapitale hatte man, wie dies bisweilen trotz Regionalisierung in Frankreich immer noch üblich ist, einsam entschieden: Die allabendliche halbstündige Regionalsendung auf elsässisch, einem alemannischen, dem Deutschen verwandten Dialekt, wurde auf ungünstigere Sendeplätze am Wochenende verschoben. Eine Welle der Empörung ging quer durch alle Parteien, Tausende von Unterschriften wurden gesammelt, in Mulhouse und Strasbourg ließen sich in einer Aktion des elsässischen Barden Roger Siffer die Dialektverteidiger mit herausgestreckten Zungen ablichten, um so Paris ihren Protest zu zeigen. Ein bekannter Politiker murrte öffentlich: In Korsika hätte man sich aus Furcht vor fliegenden Bomben nicht getraut, die Dialektsendungen anzurühren – im Elsaß wohl. Letztlich aber zeigte auch der friedliche Protest der Elsässer seine Wirkung – mit derartigem Widerstand hatte man in Paris nicht gerechnet. Schließlich wurde eine knapp zehnminütige Nachrichtensendung im Dialekt eingeführt, die französisch untertitelt ist und heute soviel Zuschauer hat wie die französischsprachigen Nachrichten.

Die Landschaft des Elsaß ist von Weinbergen und mittelalterlichen Kirchen geprägt: die gotische Kirche von Hunawihr

Dennoch verliert der Dialekt seit Jahren beständig an Boden, heute sprechen gerade noch 63 Prozent der Bevölkerung elsässisch. Die Auflage der zweisprachigen Ausgaben der Regionalzeitungen »Dernières Nouvelles d'Alsace« und »l'Alsace« sinkt beständig – die der »Dernières Nouvelles« in den letzten zehn Jahren von 47 000 auf 27 000 Ex-

Geschichtstabelle

bis 1. Jh. v. Chr.
In den letzten Jahrhunderten v. Chr. gehört das Elsaß zum keltischen Siedlungsraum

58 v. Chr.
Julius Caesar erobert das Elsaß, es gehört somit zum Imperium Romanum

277 n. Chr.
Einfälle der Alemannen

ab 406
Immer öfter fallen die Germanen ein, die Alemannen lassen sich im Elsaß nieder

7. und 8. Jh.
Klöster werden gegründet (Murbach). Das Elsaß ist Herzogtum innerhalb des Frankenreichs

842
Im berühmten Bündnisschwur der »Straßburger Eide« schließen sich Ludwig der Deutsche und Karl der Kahle gegen ihren Bruder Lothar zusammen. Als erster Vertrag wurde er in Althochdeutsch und Altfranzösisch geschlossen, den Umgangssprachen der beiden Völker

870
Im Vertrag von Mersen erhält Ludwig der Deutsche das Elsaß zugesprochen

925
Das Elsaß wird Teil des Herzogtums Schwaben und später an die Staufer verliehen, unter denen viele Klöster entstehen

1354
Gründung der Dekapolis, des elsässischen Zehnstädtebunds

16. Jh.
Die Reformation faßt im katholischen Elsaß immer mehr Fuß. Strasbourg und Sélestat werden zu Hochburgen des Humanismus, Bauernaufstände werden blutig niedergeworfen

1648
Nach dem Dreißigjährigen Krieg treten die Habsburger ihre elsässischen Besitzungen im Westfälischen Frieden an den König von Frankreich ab. Das Elsaß gerät immer mehr unter französische Herrschaft

1870/71
Niederlage der Franzosen im Deutsch-Französischen Krieg. Sie müssen das Elsaß und Teile Lothringens an das Deutsche Reich abtreten

1918
Im Ersten Weltkrieg kommt es im Elsaß zu schweren Kämpfen, das Elsaß wird wieder französisch

1940
Die Deutschen besetzen Frankreich, das Elsaß wird dem Deutschen Reich angegliedert, die Elsässer werden zwangseingezogen und meist an die russische Front geschickt

1945
Nach dem Sieg der Alliierten im Zweiten Weltkrieg wird das Elsaß wieder französisch

1949
Strasbourg wird zum Sitz des Europarates bestimmt und soll so die Versöhnung zwischen Deutschland und Frankreich symbolisieren

emplare. Lange Jahrzehnte hätte man in Paris ob dieser Entwicklung uneingeschränkt gejubelt, in den Nachkriegsjahren hieß es, *il est chic de parler français*. Dialekt und Deutschsprechen waren verpönt, war es doch die Sprache der nationalsozialistischen Barbaren und ehemaligen Besatzer; das Elsaß war französisch, so hatte es auch zu parlieren. Im Elsaß wagte kaum jemand gegen die Assimilationspolitik zu protestieren, vielmehr galt es, seinen profranzösischen Nationalstolz unter Beweis zu stellen, wollte man sich doch vom Vorwurf der Kollaboration mit den Nazis reinwaschen.

Das änderte sich erst im Zuge der 68er Bewegung, als die jungen elsässischen Linken den Dialekt als Ausdruck ihrer regionalen Identität wiederentdeckten. Heute lernt immerhin jeder zweite junge Elsässer in der Grundschule Deutsch. Auch bei den Schulbehörden hat man mittlerweile erkannt, daß Zweisprachigkeit im Hinblick auf das Zusammenwachsen Europas in den nächsten Jahren zum Trumpf wird. Zum Schuljahr 1998/99 erhielten immerhin 5000 elsässische Schüler in 200 Klassen innerhalb des öffentlichen Schulsystems zweisprachigen deutsch-französischen Unterricht. In der Grundschule und im Kindergarten wird je zur Hälfte auf deutsch und auf französisch unterrichtet. Mittlerweile sind die ersten zweisprachigen Schüler im *collège,* der Realschule, angekommen. Langfristig sollen sie ein zweisprachiges Abitur machen, das auch in Deutschland anerkannt wird. Der deutsche Besucher wird insbesondere auf dem Land im Nordelsaß zumeist ohne französische Sprachkenntnisse auskommen, auch in den Städten spricht man oft deutsch.

Dabei sollte man dies allerdings als deutscher Besucher nicht für selbstverständlich halten: So mancher Elsässer mag bei gar zu arrogantem Auftreten seine Deutschkenntnisse plötzlich vergessen haben. Immerhin hat man hier schon einige Male negative Erfahrungen mit den Deutschen gemacht, denn die kamen nicht immer als Touristen, sondern auch mit Stiefeln und Bajonett als Besatzer. Dem französisch radebrechenden Besucher wird der Elsässer meist in dessen Muttersprache zur Hilfe kommen. Wenn Sie allerdings einen überzeugten Dialektverfechter vor sich haben sollten, machen Sie sich auf einen Anpfiff gefaßt: Er wird sich empört zeigen, daß Sie seinen Kampf für Dialekt- und Deutschsprachigkeit so schnöde hintertreiben.

In der Sprachenfrage zeigt sich die ganze paradoxe Geschichte des Elsaß. Sie ist wohl auch dafür verantwortlich, daß die Region östlich des Rheins so beliebt ist: Das Elsaß wird sogar von mehr deutschen als französischen Touristen besucht, bietet es doch die Möglichkeit, das Flair des französischen Savoir-vivre zu schnuppern, ohne dabei gänzlich auf heimische Töne verzichten zu müssen. Und wenn die Elsässer in »Innerfrankreich«, wie man hier sagt, aufgrund ihrer germanischen Ordnung und Schaffenskraft gerühmt – und manchmal wegen ihres Akzents gehänselt – werden, ihre französische Lebenskunst haben sie sich trotz manch ungewollter Periode unter deutscher Flagge nicht nehmen lassen.

Zwischen 12 und 14 Uhr, der französischen Mittagspause, läuft in Verwaltungen, Behörden und Betrieben auch im Elsaß gar nichts, in den Restaurants allerdings um so mehr. Überhaupt ist das Elsaß im Gastronomiebereich reich gesegnet, ob Sie in einem der berühmten Gourmettempel einkehren oder in eine rustikale Winstub, Sie werden es kaum einmal bereuen.

Aber nicht nur kulinarische Freuden machen den Charme der Region aus: Insbesondere an der Weinstraße folgt ein romantisches Winzerdorf dem anderen, Burgruinen reihen sich längs der Vogesenhänge aneinander, romanische und gotische Kirchen lassen das Herz der Kunstfreunde höher schlagen, und die liebevoll restaurierten mittelalterlichen Stadtkerne von Colmar oder Strasbourg sind Highlights eines jeden Elsaßbesuches. Dabei stehen sie nicht allein, auch Städtchen wie Guebwiller, Saverne, Barr oder Obernai, um nur einige zu nennen, können sich sehen lassen. Und um der Fachwerkhausromantik der elsässischen Dörfer zu begegnen, benötigen Sie im Grunde keinen Reiseführer, sie ist auf Schritt und Tritt vorhanden.

Das kleine Paradies Elsaß erstreckt sich über eine Länge von 180 Kilometern, zwischen dem Rhein und den Vogesenkämmen liegen 40 bis 50 Kilometer. Im Vergleich zum touristisch stark erschlossenen Schwarzwald sind die Vogesen noch erfrischend wild. Der höchste Punkt der aus Granit und kristallinen Gesteinen bestehenden Südvogesen ist der Grand Ballon mit 1424 Metern, die Nordvogesen aus Buntsandstein liegen niedriger: Höchster Berg ist hier der Donon (1008 Meter). Bei guter Sicht kann man von den Südvogesengipfeln bis ins Berner Oberland schauen, ja manchmal enthüllt sogar der Mont Blanc sein beeindruckendes Angesicht. Auf der Route des Crêtes, der Kammstraße, fährt man von Gipfel zu Gipfel und blickt in reizvolle Täler hinab.

Vor Millionen Jahren, im Tertiär, befand sich das Elsaß auf der Spitze eines riesigen Gebirges, das Vogesen und Schwarzwald umfaßte, ehe durch einen Grabeneinbruch das Flachland entstand. Im Schutze der Mittelgebirge entwickelte es sich mit fruchtbarem Lößboden zu einer der klimatisch angenehmsten Regionen Mitteleuropas. Die Vogesen bilden für die von Westen kommenden Regenwolken ein Hindernis, so daß die Niederschläge sich dort abregnen und das Elsaß oft im Regenschatten liegt. Colmar ist eine der trockensten Städte Frankreichs. Weshalb es linksrheinisch mit der Ill nur einen einzigen direkten Rheinzufluß gibt, gehört zu den ungelösten Rätseln der Geographie.

1,6 Millionen Menschen wohnen im Elsaß, ein Viertel von ihnen im Großraum Strasbourg, 220 000 in der Industriestadt Mulhouse, drittgrößte Stadt ist Colmar mit 83 000 Einwohnern. Wirtschaftlich steht die Region gut da. Sie liegt beim Bruttosozialprodukt pro Kopf in Frankreich an zweiter Stelle, gleich hinter dem Großraum Paris.

Romantische Fachwerkhäuser prägen die Altstadt von Strasbourg

Wichtigste Wirtschaftszweige sind die Mechanik-, Elektro- und Nahrungsmittelindustrie; trotz großer Einbußen von Arbeitsplätzen ist auch die Textilindustrie weiterhin von Bedeutung. Strasbourg hat sich mit seinen drei Universitäten und zahlreichen Forschungslabors zu einem französischen Zentrum für Grundlagenforschung entwikkelt. Seit einigen Jahren siedeln sich immer mehr Betriebe aus der Pharmakologie und Biotechnologie mit ihren Laboren und Produktionsstätten um die Europastadt an. Auch im Elsaß macht sich jedoch die Rezession bemerkbar: Die Arbeitslosenquote liegt bei 7,8 Prozent, ist aber immer noch niedriger als im übrigen Frankreich (11,8 Prozent). Dies ist zum Teil auf die große Zahl der Elsässer zurückzuführen, die in der nahen Schweiz oder in Deutschland arbeiten, derzeit um die 60 000. Der wirtschaftliche Erfolg der Elsässer ist um so bemerkenswerter, als die Region in ihrer Geschichte des öfteren unter ihrer Grenzlage am Rhein gelitten hat und insbesondere in jüngerer Zeit durch Nationalitätenwechsel mehrfach ihr wirtschaftliches Hinterland verlor.

Bemerkbar machte sich die Grenzlage schon während der über vier Jahrhunderte dauernden Besatzung durch die Römer, die im Jahre 58 v. Chr. begann. In Frontnähe zu den germanischen Barbaren hatten sich die Römer mit ihrer Bautätigkeit sehr zurückgehalten, Baudenkmäler sind aus dieser Zeit denn auch im Elsaß keine erhalten. Einer dagegen äußerst angenehmen Spätfolge der Besatzung begegnen die Besucher auf Schritt und Tritt: dem Wein, dessen Anbau die Römer im Elsaß einführten.

Nach dem Niedergang ihrer Macht im 4. und 5. Jh. bestimmten die Merowinger und Karolinger in der fränkischen Zeit die Geschicke des Elsaß, ehe es mit dem 10. Jh. in den germanischen Einflußbereich geriet. Besonders begeisterten sich die Staufer für ihre elsässischen Lande. So soll Kaiser Friedrich II. (1212 bis 1250) gesagt haben, es sei sein liebstes Erbland. Die Begeisterung teilte er mit dem Sonnenkönig, Ludwig XIV. (1643–1715), der über die Vogesen beim Anblick des Landes ausrief: »Welch ein schöner Garten«, ein Ausspruch, der seitdem unzählige Reiseführer ziert und auch hier nicht fehlen soll.

Ab 1648 geriet das Elsaß unter den Einfluß der französischen Krone, und Ende des 17. Jhs. mußte sich auch die bis dahin Freie Reichsstadt Straßburg dem Druck des Königs beugen. Großen Ärger aufgrund ihres deutschen Dialekts sollten die Elsässer allerdings noch nicht bekommen: Die französischen Könige beschränkten sich auf repräsentative Machtentfaltung, erst während der Französischen Revolution wurde die Sprachenfrage von den Jakobinern zu einer Prinzipienfrage aufgebaut. Die Sprache eines freien Volkes müsse für alle die gleiche sein. Wer im Herzen französisch gesinnt sei, der müsse auch die »teutsche Tracht« ablegen.

Ihre eigentliche Brisanz aber gewann die Sprachenfrage, als das Elsaß mit dem Aufkommen des Nationalismus ins Reibungsfeld der beiden mitteleuropäischen Großmächte Deutschland und Frankreich geriet. Damit begann eine traurige Episode der elsässischen Geschichte, unter deren Spätfolgen noch heute mancher ältere Elsässer leidet. Innerhalb von knapp 74 Jahren sollte das Elsaß viermal die Nationalität wechseln. Nach

Elsässischer Sprachenwirrwarr

Viermal haben die Elsässer zwischen 1871 und 1945 die Nationalität gewechselt, und dabei wurden ihnen wahrhafte patriotische Drahtseilakte abverlangt. Am stärksten spürte man dies an der Sprache, wie die Anekdote über einen Elsässer verdeutlicht, der 1866 mit dem Familiennamen »Lagarde« geboren wurde. Notgedrungen deutschten seine Eltern den Namen nach der französischen Niederlage 1871 ein; fortan hörte der Kleine in der Schule auf den Namen »Wache«. 1918 aber beschloß Herr Wache, sich wieder umzutaufen, französisch ausgesprochen wurde aus seinem Namen »Vache«. Als die Nationalsozialisten dann 1940 das Elsaß besetzten, wurde »Vache« zurückübersetzt, fortan hieß die Familie »Kuh«. Nach der Befreiung durch die Alliierten indes ergab die Französisierung des Namens die nicht sehr feine Bezeichnung für das Hinterteil. Da erinnerten sich die Nachfahren von »Monsieur Lagarde« doch lieber an den Anfang der ganzen Geschichte und nahmen den alten französischen Namen wieder an.

Viele kleine, kaum befahrene Straßen bieten bewegungsdurstigen Elsaß-Urlaubern ideale Bedingungen zum Radfahren

dem Sieg Bismarcks im Deutsch-Französischen Krieg (1870/71) gehörte es von 1871 bis 1918 zum Deutschen Reich, wurde nach dem Ersten Weltkrieg wieder französisch, 1940 von Hitler annektiert und 1944 von den alliierten Truppen befreit.

In diesem Zeitraum haben die Elsässer Schweres durchgemacht. Nach der Besetzung durch die Deutschen 1871 optierten zahlreiche Mitglieder der französischsprachigen Bourgeoisie dafür auszuwandern. Ein erheblicher Aderlaß war die Folge, verließen doch die wirtschaftlich Aktivsten das Land. Im Ersten Weltkrieg starben die Elsässer auf deutscher Seite. In der Zwischenkriegszeit wehrte sich eine starke Regionalbewegung mit aller Kraft gegen Pariser Assimilationsbestrebungen.

Am dreckigsten aber erging es den Elsässern, als die Nazis das Land 1940 de facto annektierten. Im Elsaß wütete die Germanisierungswelle, hieß es »Hinaus mit dem welschen Plunder«, wurden Französischsprechen und das Tragen der Baskenmütze unter strenge Strafe gestellt, lief im Schnellverfahren die Gleichschaltung, wurden die Straßennamen eingedeutscht, ja selbst die Bezeichnungen auf den Wasserhähnen von *chaud* und *froid* in heiß und kalt geändert. Bisweilen aber auch lachten sich die klugen Elsässer ins Fäustchen, so als man in Mulhouse die *Rue du Sauvage*, die Straße des Wilden, in Adolf-Hitler-Straße umtaufte. Leider wurde der Fehlgriff von den Besatzern allzuschnell wieder korrigiert. Am schlimmsten traf es die wehrpflichtigen Männer: 140 000 wurden zwangseingezogen und zum großen Teil an die russische Front geschickt, um ein Desertieren zu verhindern. Etliche von ihnen – bittere Ironie des Schicksals – kamen als Kriegsgefangene in russischen Lagern als deutsche Feinde jämmerlich um, wurden zum Teil schlechter als die deutschen Offiziere behandelt. Um die 50 000 »Malgré nous« (Zwangseingezogene), wie man sie im Elsaß nennt, sollen aus dem Krieg nicht zurückgekehrt sein.

Was der intensivsten französischen Assimilationspolitik nicht gelang, das schaffte Hitler: Die

Zugehörigkeit zu Frankreich wurde nach dem Krieg von niemand mehr ernsthaft in Frage gestellt, ja etliche Elsässer entwikkelten sich zu zweihundertprozentigen Nationalisten, wohl auch um dem Vorwurf einer etwaigen Kollaboration mit den Nazis entgegenzutreten.

Setzte man der französischen Vereinnahmungspolitik in der Sprachenfrage auch lange Zeit wenig Widerstand entgegen, eine andere Veränderung konnte von Paris im Elsaß jedoch nicht durchgesetzt werden: die Abschaffung der elsässischen Lokalgesetze, die zum Teil noch aus dem Kaiserreich stammen. Auf die von Bismarck eingeführte fortschrittliche Sozialgesetzgebung wollte im Elsaß niemand verzichten. So gibt es heute weiterhin an die zweihundert Sondergesetze, die so unterschiedliche Bereiche wie die Jagd, die Krankenkasse, das Gemeinderecht, die Ladenschlußzeiten oder die Sonntagsarbeit betreffen. Macht sich der Frankreichkenner etwa wie bei seinem letzten Parisaufenthalt auf den Weg, um am Sonntag einzukaufen, wird er dies im Elsaß meist vergeblich versuchen: Frisches Baguette ist nicht zu finden, Brotbacken sonntags verboten, die Geschäfte sind geschlossen. Das Elsaß wäre aber bei aller »teutschen« Tradition nicht das Elsaß, wenn nicht auch diese Regelung etwas lockerer gehandhabt würde: Trotz Verbot werden die arabischen, türkischen oder jüdischen Tante-Emma-Läden, die sonntags geöffnet haben, toleriert. Croissants und süßes Gebäck dürfen sogar ganz offiziell gebacken werden.

Ein besonderer Dorn im Auge dürften dem republikanischen Staat die im Elsaß weiterhin geltenden Religionsgesetze des Napoleonischen Konkordats sein. Die Trennung von Staat und Kirche, die in Frankreich 1905 vollzogen wurde, wurde hier nie nachgeholt. Nach dem Ersten Weltkrieg führte ein Versuch, die Regelung zu ändern, zu einem wahren Volksaufstand, und alles blieb beim alten. So sind im Elsaß die Grundschulen weiterhin konfessionell, ja, der Erzbischof von Strasbourg muß nach seiner Wahl sogar vom republikanischen Staatspräsidenten bestätigt werden. Verkehrte Welt. Aber die Elsässer hängen auch heute noch an diesen Sonderregelungen, und in Paris haben die meisten Politiker begriffen, daß man sich nur Ärger einhandelt, sobald man sie antastet.

Wenn sie sich ungerecht behandelt fühlen, dann können die friedliebenden Elsässer ganz schön ungemütlich werden. Da verweigerte der Exbürgermeister von Strasbourg, Marcel Rudloff, dem ehemaligen Staatspräsidenten François Mitterrand bei seinem Besuch den Handschlag, als vor einigen Jahren der versprochene Teilchenbeschleuniger Synchrotron statt ins Elsaß ins ferne Grenoble abwanderte. Erleichternd kam hinzu, daß es sich bei dem Präsidenten um einen Sozialisten handelte und man im Elsaß lange Zeit traditionell konservativ wählte.

Politisch ist indes in den letzten Jahren im behäbigen Elsaß einiges in Bewegung geraten. Die Sozialisten haben die Bürgermeisterämter von Mulhouse und Strasbourg und von einigen kleineren Städten erobert, und mit Catherine Trautmann bestimmte, bis sie 1997 Kulturministerin in Paris wurde, erstmals eine Frau die Geschicke der Europastadt, die immerhin die sechstgrößte französische Stadt ist. Bei den Gemeinderatswahlen 1995 waren die amtierenden sozialistischen Bürgermeister deutlich in ihren Ämtern bestätigt worden, doch hat im Elsaß auch der rechtsextreme Front National überdurchschnittlichen Zulauf: Bei den Regionalratswahlen 1998 erhielt er über 20 Prozent der Stimmen.

Auftrieb bekommen hat in den letzten Jahren auch die Umweltbewegung, wenngleich sich dies zuletzt weniger in Wahlergebnissen spiegelte. Immerhin gibt es in Ribeauvillé seit 1995 einen grünen Bürgermeister. Die Umweltbewegung war im Elsaß schon immer etwas stärker als im übrigen Frankreich. Sie hatte allerdings auch nicht verhindern können, daß den Elsässern Ende der siebziger Jahre das ungeliebte Kernkraftwerk Fessenheim vor die Nase gesetzt wurde – mit dem man sich heute zumindest auf dieser Seite des Rheins meist abgefunden hat. Mittlerweile aber ist ihr Einfluß so groß, daß es ihr Anfang der neunziger Jahre gelang, dem Staat in der Frage der umstrittenen Ansiedlung einer Zitronensäurefabrik in den Rheinauen einige bedeutende Zugeständnisse abzuringen. Sorgen machen sich die Umweltschützer auch um das riesige Grundwasservorkommen – mit 50 Milliarden Kubikmetern eines der größten Frankreichs –, das durch hohe Nitratwerte und Versalzung durch Rückstände der Kaliminen bedroht ist.

Auch konservative Politiker haben die Wichtigkeit der Umweltproblematik erkannt – wie wichtig hierbei das Schielen auf die Wähler ist, mag dahingestellt bleiben. So hat das Oberelsaß eine berittene grüne Brigade aufgestellt, die auf ihren Pferden insbesondere durch die Touristengebiete patrouilliert, um Umweltsünder aufzuspüren. Das Regionalparlament führte im Elsaß als erste französische Region ein vom Staat unabhängiges Meßsystem für Radioaktivität ein. Nach dem Atomunfall von Tschernobyl hatten die Elsässer gründlich das Vertrauen in die Pariser Instanzen verloren. Während die Nachbarn auf der anderen Seite des Rheins den Salat unterpflügten, hieß es aus Paris: keine Gefahr. Als dann noch ein bekannter Politiker im Fernsehen sagte, die Franzosen bräuchten sich keine Sorgen zu machen, die radioaktive Wolke werde von den Vogesen aufgehalten, war im diesseits der Vogesen gelegenen Elsaß das Maß voll.

Aber dennoch: Wenn auch so mancher Elsässer neidvoll über den Rhein schaut, den französischen Schlendrian verflucht und die deutsche Effektivität bewundert, wirklich tauschen wollte wohl kaum einer. Mit der fortschreitenden europäischen Integration hofft man zudem, im Zentrum Europas die Rolle einer Drehscheibe zwischen Deutschland und Frankreich spielen zu können. Das erste Mal in seiner Geschichte könnte dem Elsaß so seine Mittellage zwischen den beiden Staaten zugute kommen. Es wäre ihm wirklich zu gönnen.

Störche und Orgeln, Technik und der TGV

Das Elsaß hat seine Traditionen bewahrt, ohne den Anschluß an moderne Technologie zu versäumen

Bas-Rhin und Haut-Rhin
Bezeichnung der beiden elsässischen Départements, deren Grenze am ehemaligen Landgraben südlich von Sélestat verläuft. Die Aufteilung stammt aus der Französischen Revolution. Alle Jahre wieder gibt es Vorschläge, die Namen zu verändern. So beschweren sich die Unterelsässer, die Bezeichnung Bas-Rhin sei abwertend, und möchten am liebsten das »Bas« ersatzlos streichen, was wiederum den Oberelsässern nicht gefällt. Überhaupt trennt Süd- und Nordelsässer bisweilen eine herzliche Abneigung, Reibereien sind an der Tagesordnung. Wenn es allerdings gegen Paris geht, findet man wieder zueinander.

Bier
Das Elsaß ist nicht nur das Land des Weines, sondern auch des Bieres – auch wenn in den letzten Jahren viele kleine Brauereien schließen mußten oder aufgekauft wurden. Immerhin die Hälfte von allem Bier, das in Frankreich getrunken wird, stammt aus dem Elsaß. Außerdem gibt es neuerdings auch wieder Kleinstbrauereien, sogenannte *microbrasseries.*

Die Weinlese im Herbst zieht viele Besucher ins Elsaß

Club Vosgien
Mitgliedsstarker Verein im Stile des Schwarzwaldvereins, dessen ehrenamtliche Mitglieder die Wanderwege in den Vogesen ausschildern und dafür sorgen, daß Sie sich nicht verlaufen. Der Club Vosgien gibt auch hervorragende Wanderkarten heraus.

Flughafen Basel-Mulhouse
Binationaler schweizerisch-französischer Flughafen, der wenige Kilometer nördlich von Basel im Elsaß liegt. Die in Europa einzigartige Organisationsstruktur ist auf die Basler Platzprobleme zurückzuführen. Im Flughafen verläuft eine Grenze, eine exterritoriale Straße führt von Basel zum Airport, der Verwaltungsrat setzt sich aus eidgenössischen und französischen Mitgliedern zusammen. In Mulhouse ist man immer wieder betrübt, daß selbst im eigenen Land der Flughafen

oft nur unter dem Namen Basel bekannt ist. So manchem Elsässer ist es in Südfrankreich schon widerfahren, daß ihm beim Buchen stock und steif entgegengehalten wurde, einen Flughafen Mulhouse gebe es nicht, er müsse schon über Basel fliegen. Seit einigen Jahren nimmt die Passagierzahl stetig zu und liegt derzeit bei jährlich 2,7 Millionen. Wenig begeistert von dieser Entwicklung sind die Anwohner. In Basel, in Baden und im Südelsaß haben sich Bürgerinitiativen gegen seine Erweiterung gebildet. Dabei ist das gute und preisgünstige *Flughafenrestaurant* zu empfehlen (französische Seite), ein Geheimtip, der auch Nichtfluggäste anzieht.

Hans im Schnokeloch

»Und was er hat, das will er nicht, und was er will, das hat er nicht«, heißt es in einem elsässischen Volkslied über den Hans im Schnokeloch, eine Art Urtype des Elsässers. In Strasbourg trägt noch heute eine Straße diesen Namen. Im 16. Jh. befand sich an diesem schattigen, mückenreichen Ort eine Wirtschaft. Ihr Betreiber war durch den Durst und Hunger seiner Zeitgenossen reich geworden. Dennoch hörte er nie auf zu klagen. Der unzufriedene Wirt stand Modell für den Volkslied-Hans. Stimmt diese Charakterisierung des Elsässers noch heute? Zumindest im fernen Paris scheint man davon immer dann überzeugt zu sein, wenn die Elsässer Subventionen fordern.

Hansi

Bekannter patriotischer Zeichner, der mit richtigem Namen Jean-Jacques Waltz hieß und 1873–1951 lebte. Er machte in seinen Karikaturen den häßlichen Deutschen, der sich dem guten Elsässer widersetzte, lächerlich. Auf kaum einem seiner etwas kitschigen Werke, die das schöne, französische Elsaß verklären, fehlt die obligatorische Trikolore. Hansi trug durch seine Zeichnungen auch zur Standardisierung der elsässischen Tracht bei. Vor 1871 war diese von Landstrich zu Landstrich sehr unterschiedlich – die Schlupfkappe, eine Haube mit großen Schleifen für die Frauen, die heute auf keiner Folkloreveranstaltung fehlt, kannte man zum Beispiel in den Weinbergen und im Südelsaß nicht. Die Elsässer, die nach 1871 nach Innerfrankreich geflüchtet waren, machten die von Hansi gezeichneten Kostüme zum Symbol ihrer Anhänglichkeit an Frankreich. Hansi arbeitete als Konservator am Colmarer Musée d'Unterlinden. In Riquewihr ist ihm neuerdings ein Museum gewidmet.

Heidenmauer

Le mur païen bleibt eines der ungelösten Mysterien des Elsaß. Die Festungsmauer befindet sich auf dem Mont Sainte-Odile (Vogesen), ist etwa zehn Kilometer lang, umschließt mehr als 100 Hektar und besteht aus tonnenschweren, bis zu zwei Meter breiten Steinen. Stellenweise ist sie noch bis zu drei Meter hoch. Über die Entstehungszeit streiten sich die Experten: Die Angaben liegen zwischen 1000 und 100 Jahren vor Christi Geburt. Wie unsere Vorfahren es angestellt haben, die Mauer zu errichten, und vor allem, warum, das

Ursprung und Zweck sind ungeklärt: die Heidenmauer in den Vogesen

hat bisher niemand klären können. Man vermutet in ihr die Reste einer keltischen Burg.

Maginotlinie

Die Ligne Maginot ist ein Verteidigungswall aus starken Forts, betonierten unterirdischen Kampfständen, Batterien und Panzerhindernissen, der zwischen den Weltkriegen geschaffen wurde, um Frankreich gegen den deutschen Erbfeind zu schützen. Aus Geldmangel konnte der Bau nicht ganz beendet werden, man beschränkte sich auf die Linienbefestigung. Geholfen hätte der Wall allerdings auch bei Fertigstellung nicht. Die Deutschen umgingen die als uneinnehmbar geltende Maginotlinie durch den Einmarsch in das neutrale Belgien und die Niederlande. Anfang der siebziger Jahre wurden viele Bunker von der französischen Armee an Privatleute verkauft und dienen heute als Wochenendwohnung oder für die Champignonzucht. Im Elsaß kann man zwei Bunkeranlagen der Maginotlinie besichtigen, bei Schœnenburg und Lembach.

Marseillaise

Die französische Nationalhymne wurde 1792 von Claude-Joseph Rouget de Lisle in Strasbourg ursprünglich als Kriegsgesang für die Rheinarmee komponiert. Im Sommer 1792 sang ein Marseiller Freiwilligenbataillon das Revolutions- und Freiheitslied bei seinem Einzug in Paris.

Minister

Trotz aller Regionalisierung bleibt Frankreich ein pariszentriertes Land. Um so wichtiger ist es, dort mit einem Minister über eine elsässische Lobby zu verfügen. In ministerlosen Zeiten versucht sich das Elsaß über seine *députés maires* zu helfen, denn im Gegensatz zu Deutschland können die Bürgermeister großer Städte auch Parlamentsabgeordnete sein, um so in der *grande capitale* etwas für ihren Ort zu bewegen.

Oradour

1944 hatte die SS-Einheit »Das Reich«, unter ihnen 14 Elsässer, 642 Einwohner des südwestfranzösischen Dorfes Oradour-sur-Glane brutal ermordet. 1953 waren die Elsässer – bis auf einen Freiwilligen alle Zwangseingezogene – von einem Militärgericht zu Gefängnisstrafen verurteilt worden. Im Elsaß sorgte dies für eine derartige Empörung, daß sie amnestiert wurden. Heiß ist das Thema selbst heute noch: Als eine Satirezeitschrift sich jüngst mit einer Zeichnung, die zwei Elsässer SS-Soldaten mit Flammenwerfern in Oradour zeigte, über das Engagement der Elsässer für ihre Regionalsprache lustig machte, gab es von allen Parteien massive Proteste.

Orgeln

Das Elsaß wird auch Land der Orgeln genannt. Es ist die französische Region mit den meisten Orgeln: In 987 Gemeinden gibt es 1350 Orgeln, von denen 176 zum nationalen Kulturgut erklärt wurden. Die meisten davon stammen aus dem Zeitraum von 1700 bis 1850. Jeder zweite Orgelbauer Frankreichs wohnt im Elsaß, wo es die einzige nationale Orgelbauerschule gibt. Die Region zählt ein gutes Dutzend Orgelbauunternehmen und 2000 Organisten.

Sauerkraut

Elsässisches Leib- und Magengericht, das sich in der Region großer Beliebtheit erfreut. In Turckheim bei Colmar wurde im Herbst 1989 mit drei Tonnen Kraut das größte *choucroute* der Welt gekocht. Im Sundgau besteht sogar eine »Sauerkrautbruderschaft«, die die Verteidigung und Weiterentwicklung dieser geliebten Speise auf ihre Fahnen geschrieben hat. Zweimal jährlich werden Ehrenmitglieder in die *confrérie* aufgenommen, übrigens auch Frauen. Bevor sie jedoch nach Ablegen des Sauerkrautschwurs feierlich durch den Schulterschlag mit einem riesigen Holzschlägel endlich auch zu dem edlen Kreis dazugehören, müssen sie aus einem Sauerkrautgericht die »Eindringlinge« herausfinden – eine Karotte, einen angebissenen Apfel, einen Salat und eine Lauchstange.

Schlacht um den Standort

Auf französisch in den elsässischen Medien *la bataille du siège* genannt – eine Schlacht, die zum Glück unblutig verläuft. Es geht um den Standort des Europaparlaments. Eine wachsende Anzahl von Europaparlamentariern bemüht sich, die Sitzungen nach Brüssel zu verlegen. Frankreich samt Strasbourg wehrt sich mit Händen und Füßen dagegen. Derzeit wird in Strasbourg ein neues Parlamentsgebäude gebaut. Die Straßburger lassen sich ihr Image als Europastadt etwas kosten, nichtsdestotrotz hat man oft den Eindruck, daß Wunsch und Wirklichkeit weit auseinanderklaffen: Eine europäische Metropole wird Strasbourg nie werden, dazu ist das Bonn Europas doch zu provinziell – zum Glück, denn sicher würde es auch an Charme verlieren.

Schweitzer, Albert

Einer der berühmtesten Elsässer. Der Theologe, Musiker und Urwalddoktor Albert Schweitzer (1875–1965) wurde in Kaysersberg geboren. Bekannt wurde der radikale Humanist vor allem durch seine Tätigkeit in Afrika, wo er in Lambarene in Gabun ein Buschkrankenhaus gründete, das noch heute existiert. Museen in seinem Geburtshaus in Kaysersberg wie auch im Haus seiner Eltern in Gunsbach geben Aufschluß über das Leben Schweitzers. 1953 erhielt er den Friedensnobelpreis.

Storch

Symbolvogel des Elsaß. Die Zeiten, wo Meister Adebar in großer Anzahl auf den Dächern der elsässischen Bauernhäuser brütete, sind allerdings vorbei. Die Zahl der Störche hat stark abgenommen. In Aufzuchtzentren wie in Hunawihr bemüht man sich, den Störchen wieder auf die Beine zu helfen. Im Freilichtmuseum Écomusée in Ungersheim bei Mulhouse schweben wieder zahlreiche Exemplare durch die Lüfte und bauen ihre imposanten Nester auf die Dächer.

Technik
Bilderbuchdörfer und Fachwerkhausromantik hin oder her, mit dem technischen Fortschritt gehen die Elässser wesentlich unbedarfter und unkritischer um als ihre östlichen Nachbarn. Ob dies immer ein Plus ist, mag dahingestellt sein. Da kann man in Mulhouse aus einem Automaten ofenwarmes Baguette ziehen, und ein computergesteuertes Informationssystem teilt die Wartezeiten für die verschiedenen Buslinien mit – falls es nicht gerade eine Panne hat. Auch das Parken verläuft hochmodern: Wer im Besitz der entsprechenden Parkkarte ist, zahlt nur noch die real verstrichene Zeit, der Rest wird ihm beim Wegfahren vom Automaten erstattet. Auch im Kampf gegen den Hundekot bedient man sich der Hilfe der Technik: Ein großer, auf ein Motorrad montierter Staubsauger säubert die Straßen. In einem großen Supermarkt läßt Orwell grüßen: Bei bestimmten Waren müssen die Kunden ihre Schecks mit einem Fingerabdruck gegenzeichnen. Auch eine Werbekampagne für ein Einkaufszentrum in Strasbourg konnte sich sehen oder besser hören lassen. An Bushaltestellen wurde die frohe musikuntermalte Werbebotschaft durch Sensoren immer dann ausgelöst, wenn menschliche Opfer sich im Unterstand befanden. Aber keine Angst, diese Aktion wurde inzwischen eingestellt. Auch Colmar steht hinsichtlich origineller Initiativen nicht abseits: In einem extra für Kinder konzipierten Friseursalon herrscht futuristischer Weltraumlook, und die lieben Kleinen können sich die Wartezeit mit Computerspielen verkürzen. Aber auch auf dem Dorf ist der technische Fortschritt angekommen: So erstellt der kleine Ort Biesheim, in der Nähe von Neuf-Brisach am Rhein, seit Anfang der neunziger Jahre in einem hochmodernen Studio sein wöchentliches Lokal-TV-Programm, das Dorffernsehen wird in das örtliche Kabelnetz gespeist.

TGV-Est
Die Hochgeschwindigkeitslinie TGV-Est von Strasbourg nach Paris soll die Fahrt von derzeit fast vier Stunden auf zwei Stunden und 19 Minuten reduzieren. In den letzten zehn Jahren war der TGV-Est ein Dauerbrenner der elsässischen Befindlichkeit. Immer wieder fühlte sich die Region von den unterschiedlichen Regierungen schlecht behandelt, weil das Projekt nicht vorankam. Jetzt scheint es endlich soweit zu sein: Der Finanzierungsplan steht, und die Hochgeschwindigkeitslinie soll bis 2006 fertig sein.

Ungerer, Tomi
1931 im Elsaß geborener Künstler und Zeichner mit anerkannter Gabe zur Provokation. 1990 sorgte sein Plakat zum Blumenkorso von Sélestat für Aufregung. Darauf ritt eine spärlich bekleidete Elsässerin auf einem riesigen Gorilla. Berühmt und geschätzt ist Tomi Ungerer vor allem im Ausland. Er lebt in Irland.

AUX DEUX FRERES
CHARCUTERIE
FINCKER FRERES

Gourmettempel und simple Weinstuben

Das Elsaß hat für jeden Gaumen und jede Kehle etwas zu bieten

Ein Reisender wird gefragt, wo er lieber essen gehe, in Deutschland oder in Frankreich. Nach kurzem Nachdenken antwortet er: »In Deutschland gibt es viel, aber es ist nicht sehr gut, in Frankreich schmeckt es vorzüglich, aber die Portionen sind klein. Im Elsaß hingegen, dort schmeckt es gut, und die Gerichte sind reichlich bemessen.« Nun mag mit dem elsässischen Barden Roger Siffer bei dieser Geschichte der Heimatstolz durchgegangen sein, eines stimmt: Ob Gourmet, Gelegenheitsfeinschmecker, Schlemmerfreund oder einfach hungriger Wanderer, die Gastronomielandschaft des Elsaß hat für jeden etwas zu bieten. Da gibt es ebenso die sorgfältig zubereiteten, herzhaften regionalen Speisen wie die neuesten Kreationen der Nouvelle cuisine. Je höher Sie dabei im Gourmetniveau steigen, desto weniger wird sich der regionale Einfluß bemerkbar machen.

Das Elsaß gleicht in vielerlei Hinsicht dem Schlaraffenland

Elsässische Gerichte zu meist günstigen Preisen gibt es in der Winstub. Nicht nur Strasbourg hat hiervon eine stattliche Anzahl aufzuweisen – ihre Entstehung geht auf das Ende des 19. Jhs. zurück. Da gibt es zum Beispiel die *schiffala,* geräucherte Schweineschulter, die mit Meerrettich oder Senf gegessen wird, die Sülzwurst *Preßkopf,* oder Sie beschränken sich auf einen Zwiebelkuchen, der, begleitet von einem guten Elsässer Riesling, kleine Löcher in hungrigen Touristenmägen zu schließen vermag. Weitere elsässische Spezialitäten sind *coq au riesling,* Hähnchenteile in Weißwein, ein Gericht, das meist mit Spätzle serviert wird, oder das vorzügliche traditionelle Eintopfgericht *baeckeoffe*: Zwischen Kartoffelschichten wird Lamm-, Rind- und Schweinefleisch in Weißwein geschmort. Wegen der langen Zubereitungszeit (drei Stunden) muß man den *baeckeoffe* allerdings meist vorbestellen.

Die *tarte flambée,* der Flammekueche, dünn ausgewalzter Brotteig, der mit Crème fraîche oder Quark, Zwiebeln und Speck belegt wird, ist vor allem im Nordelsaß beheimatet. Manche *Tarteflambée*-Restaurants auf dem Land haben nur am Wochenende geöffnet, ganze Familien rücken dann mit Kind und Kegel zum Essen an. Der Flammekueche wird auf großen Holzbrettern serviert und dann unter den Tischgenossen aufgeteilt. In der Regel kommt so lange Nachschub, wie Sie mögen.

Eine andere elsässische Spezialität ist die Gänse- oder Entenstopfleber *foie gras.* Ende des 18. Jhs. war die Gänseleberpastete vom Chefkoch des elsässischen Militärgouverneurs in Strasbourg erfunden worden. Noch heute ist sie ein begehrtes Produkt. Daß das Stopfen eine ziemlich barbarische Prozedur ist, stört in Frankreich bei aller Tierliebe kaum jemanden.

Zum Essen wird im Elsaß wie im übrigen Frankreich Brot serviert. Die Speisen kann man durchaus mit einem Stück Baguette auf die Gabel schieben, niemand wird pikiert schauen. Unüblich ist es hingegen, getrennt zu zahlen. Schon mancher Ober wurde durch diese teutonische Sitte zur Verzweiflung getrieben. Gehen Franzosen miteinander essen, können Sie manchmal nach dem Speisen rauchende Köpfe beobachten, da es gilt, 417 Franc durch drei zu teilen sowie das passende Kleingeld für den eigenen Anteil aufzutreiben. Die Bedienung ist zwar in den Preisen enthalten, üblich sind aber fünf bis zehn Prozent Trinkgeld.

Das Mittagessen wird zwischen 12 und 14 Uhr serviert. Viele Elsässer fahren in der langen französischen Mittagspause nicht nach Hause, sondern speisen im Restaurant. Diese sind mittags entsprechend voll – Betriebe ohne Kantine geben Restaurantgutscheine an ihre Mitarbeiter aus. Das Abendessen, auch dies, wenn man will, ein mehrgängiges warmes Menü, wird zwischen 19 und 22 Uhr serviert. Auf dem Land und in kleineren Städten allerdings wird es nach 21 Uhr schwierig sein, noch eine warme Mahlzeit zu erhalten. Sie können davon ausgehen, daß die Portionen mit ansteigendem Preis immer kleiner, feiner und besser werden.

Der kulinarische Ruf des Elsaß ist in den letzten Jahren auch im übrigen Frankreich gestiegen. So wurde der Kellermeister der Illhaeuserner »Auberge de l'Ill« schon zum weltbesten Sommelier gewählt. Mit dem »Buerehiesel« und dem »Crocodile« gehören zwei Häuser in Strasbourg zu den nicht eben zahlreichen Gourmettempeln, denen der Guide Michelin drei Sterne zuerkennt. Und trotz Menüpreisen zwischen 530 (mittags) und 750 Franc erhalten Sie in der Dreisterneinstitution in Illhaeusern bei Monsieur Haeberlin nur gegen Vorbestellung lange im voraus einen Tisch. Aber keine Angst, es gibt im Elsaß noch zahlreiche andere Spitzenrestaurants.

Enttäuscht hingegen sind die meisten Deutschen vom Frühstück: Die Elsässer sind wie die übrigen Franzosen Frühstücksmuffel und geben sich mit einer Schale Kaffee, einem Stück Weißbrot mit Butter und Marmelade zufrieden oder frühstücken gar nicht. Auch das nachmittägliche Kaffeetrinken ist in Frankreich unbekannt. Den Kuchen gibt es normalerweise zum Dessert. Wer aber durchaus auf die heimische Gewohnheit nicht verzichten will, kann in einer *pâtisserie* oder einem *salon de thé* seinen Kaffee mit einem Stück Kuchen genießen.

Das Elsaß ist ein Land des Weißweins. Einzig der Pinot noir (Spätburgunder), eine Rotweintraube, die hier meist als Rosé ausgebaut wird, fällt aus der Reihe. Der einfachste unter den Weißweinen ist der Edelzwicker, ein Verschnitt, der aus Sylvaner und Pinot oder Riesling oder aus Sylvaner und Traminer hergestellt wird. Leider ist der Ruf des Edelzwickers durch die Billigweine verschandelt worden. Winzer, die qualitätsbewußt produzieren, gehen immer mehr dazu über, sich vom Namen Edelzwicker abzuwenden und den Wein unter der Bezeichnung des Anbaugebietes zu verkaufen.

Frisch, spritzig und ebenfalls leicht ist der Sylvaner; der im Elsaß manchmal Tokay genannte Pinot gris (Ruländer) ist dagegen ein gehaltvoller Wein mit fülligem Aroma. Der Pinot blanc oder Klevner, in Deutschland auch als Weißburgunder bezeichnet, gehört zwar nicht zu den Spitzenweinen, schmeckt aber angenehm frisch. Der kräftige Gewürztraminer mit intensivem Bukett wird vor allem zum Dessert und als Aperitif getrunken. Würzig und fruchtig schmeckt auch der Muscat. Der trockene Riesling gehört zu den Klassikern der elsässischen Weine. Der Crémant d'Alsace schließlich ist ein ausgezeichneter Schaumwein, der nach dem Champagnerverfahren hergestellt wird.

Zubereitung von Münsterkäse

Rustikal geht es in den gut sechzig *fermes auberges* zu. Diese bewirtschafteten Bergbauernhöfe in den Hochvogesen bieten manchmal auch Zimmer an; sie befinden sich zum überwiegenden Teil im Südelsaß. Siebzig Prozent der servierten Produkte, so ist es Vorschrift, müssen aus eigener Produktion stammen. Die Bergbauern tragen zum Erhalt und zur Pflege der Landschaft bei. Die Bewirtschaftung ermöglicht ihnen, unter den schwierigen Bedingungen zu überleben. Die rustikalen Wirtschaften haben großen Erfolg. Es gibt einfache Speisen, zum Beispiel den Münsterkäse, einen durchgegorenen weichen, würzigen Rohmilchkäse aus Kuhmilch, der meist mit Kümmel bestreut wird. Ein schön illustriertes Ferme-auberge-Verzeichnis (auch auf deutsch) erhalten Sie bei der *Association des fermes-auberges (BP 371, F-68007 Colmar Cedex, Tel. 03 89 20 10 53, Preis: 66 FF plus 13 FF Porto).*

Töpferwaren, Wein und Delikatessen

Und die Wochenmärkte bieten einen Hauch Exotik

Ein billiges Reiseland war Frankreich nie, doch inzwischen ist es wesentlich erschwinglicher geworden, als gemeinhin angenommen wird. Trotz der hohen französischen Mehrwertsteuer gibt es einige Produkte, die deutlich billiger sind als in Deutschland: Das sind vor allem die Genußmittel Wein und Zigaretten. Bei Antiquitäten, Delikatessen sowie Kosmetikartikeln kann man nicht unbedingt sparen, trifft aber auf ein hochkarätiges und sehr breites Angebot. Ein regelrechter Feinschmeckersupermarkt befindet sich im Straßburger Einkaufszentrum *Centre Halles*, das zwischen dem Bahnhof und der Place Kléber liegt. Kaum ein Produkt, das man in der *Galerie Gourmande* nicht findet. Eine elsässische Spezialität ist die Gänseleberpastete. Günstiger als diese edle und teure Delikatesse ist die Entenleberpastete; sie schmeckt etwas rustikaler. Freunde asiatischer Artikel werden in den chinesischen oder vietnamesischen Lebensmittelgeschäften auf ihre Kosten kommen. Man findet sie vor allem in Strasbourg und Mulhouse. Für Deutsche lohnt sich der Einkauf von Wein, Champagner und elsässischen *eaux de vie*: klarer Himbeer-, Mirabellen-, Birnen- oder Kirschgeist. Außer dem großen Angebot in den *hypermarchés* bietet sich vor allem der Kauf direkt beim Winzer oder Brenner an.

Im Elsaß gibt es mehrere malerische und sehr bunte Märkte, die stark durch die nordafrikanischen Einwanderer im Elsaß geprägt sind. In Mulhouse herrscht auf dem *Marché du Canal Couvert* jeden Dienstag, Donnerstag und Samstag teilweise orientalische Basaratmosphäre. In Strasbourg ist der Markt am Boulevard de la Marne zu erwähnen, der am Samstag und Dienstag stattfindet. Fast jedes Wochenende gibt es in einem Dorf einen Flohmarkt. Die Termine können Sie der regionalen Presse entnehmen.

Töpferwaren, Schnitzereien, bedruckte Tücher und Trachtenpuppen, Leder- und Stickwaren bieten sich als Andenken an.

Aufgepaßt: Die blaue Keramik aus Betschdorf ist nicht feuerfest

Vins
Faller

Blumenkorso, Öko-Messe, Schneckenrennen

Wenn die Elsässer feiern, geht es fröhlich zu

Die Elsässer feiern gerne: So gut wie jedes Wochenende können Sie vom Frühjahr bis in den Herbst Wein- und Folklorefeste besuchen. Die genauen Daten finden Sie in einem Veranstaltungskalender, den man in den Touristikbüros erhält. Dort gibt es auch die Broschüre »Ronde des fêtes«, in der Volksfeste im Sundgau und Südelsaß aufgeführt sind.

Die aktuellen kulturellen Veranstaltungshinweise liefert die deutschsprachige Wochenzeitung »3«, die man in Südbaden, Mittel- und Südelsaß am Kiosk kaufen kann, am besten am Freitag mit der »Basler Zeitung«, der sie beiliegt.

OFFIZIELLE FEIERTAGE

1. Januar, Ostermontag, 1. Mai, 8. Mai *(Waffenstillstand 1945)*, Christi Himmelfahrt, Pfingstmontag, 14. Juli *(Nationalfeiertag: Erstürmung der Bastille 1789 in Paris)*, 15. August *(Mariä Himmelfahrt)*, 1. November *(Allerheiligen)*, 11. November *(Waffenstillstand 1918)*, 25. Dezember. Feiertage sind aufgrund der Lokalgesetze im Gegensatz zum übrigen Frankreich auch der *Karfreitag* und der *26. Dezember.*

Der Pfifferdai in Ribeauvillé erinnert an die mittelalterliche Zunft der Pfeifer

FESTIVALS UND REGIONALE VERANSTALTUNGEN

Anfang Februar

In der ersten Februarwoche wird in der Vogesen-Stadt Gérardmer das *Festival des Fantastischen Films* veranstaltet. Dieses Festival, das 1994 vom Wintersportort Avoriaz nach Gérardmer verlegt wurde, hat sich in den gut zwanzig Jahren seines Bestehens internationales Renommee erworben.

Ende April

Das Winzerstädtchen Obernai lädt in der letzten Aprilwoche zu einem *alternativen Zirkusfestival* ein. Seiltänzer und Jongleure, Clowns und Musiker, Tänzer und Akrobaten geben sich unter einer Zirkuskuppel ein Stell-

MARCO POLO TIPS FÜR FESTE

1 Corso Fleuri
Prächtiger Umzug in Sélestat mit blumengeschmückten Wagen (Seite 29)

2 Pfifferdai
Mittelalterliches Fest der Gaukler und fahrenden Spielleute in Ribeauvillé (Seite 29)

dichein. Am 1. Mai verwandeln sich die Gassen des Ortes und der Platz vor dem Rathaus zum Abschluß der Zirkuswoche in eine einzige Arena, das Publikum mischt sich unter die Artisten und kann die Kunststücke aus nächster Nähe bewundern. Das Festival stellt vor allem junge Ensembles vor, die neue Formen der Zirkuskunst präsentieren. Es gibt einen Buspendeldienst ab Strasbourg.

Anfang Mai
Ungewöhnliches *Schneckenfest* in Osenbach bei Colmar: Schnecken liefern sich atemberaubende Wettläufe über eine Distanz von 50 Zentimetern. Nebenbei kann man auch die eine oder andere Schnecke mit Knoblauchbutter und frischem Baguette verzehren.

Mai
Öko-Messe in Rouffach: Fünf Tage lang gibt sich im Mai die elsässische Ökoszene in Rouffach ein Stelldichein. Mehrere hundert Verkaufsstände bieten ab Christi Himmelfahrt Bioprodukte wie Wein, Brot, Käse und Tees, aber auch Kunsthandwerk an. Außerdem ist die Messe der größte Treffpunkt der französischen Biowinzer. Zahlreiche Veranstaltungen finden rund um die Messe statt.

21. Juni
Fête de la musique: In ganz Frankreich wird das Musikfest gefeiert. In allen größeren Städten gibt es abends Gratiskonzerte und Straßenmusik. Die Massen wälzen sich beschwingt durch die Innenstädte, die Stimmung ist hervorragend.

24. Juni
Sonnwendfeier: In der Nacht zum 24. Juni wird in vielen Orten im Elsaß ein riesiges Feuer angezündet. Manche Dörfer begehen das »Feu de St-Jean« allerdings auch einige Tage früher oder später.

Ende Juni
Crémation des Trois Sapins in Thann: Ein Volksfest mit Feuerwerk und Konzerten, das meistens am 30. Juni stattfindet. Höhepunkt der Festivitäten ist die Verbrennung von kunstvoll gestalteten Tannen.

13./14. Juli
Riesiges *Feuerwerk* mit Volksfestcharakter in der Nacht zum 14. Juli zur Feier des französischen Nationalfeiertags. Am beeindruckendsten in Strasbourg.

Mitte Juli
Streisselhochzeit: ein traditioneller Hochzeitsumzug in alten Kostümen in Seebach.

Anfang bis Mitte August
Alljährlich kommen über 160 000 Besucher zum zehn Tage dauernden *Colmarer Weinfest.* Neben den kulinarischen Genüssen ist mit Konzerten und Folkloreveranstaltungen auch für die Kultur gesorgt. Intimer ist das schöne *Weinfest* von Soultzmatt bei Guebwiller.

Mitte August
In Grendelbruch findet ein *Holzfällerwettbewerb* statt.

In Marlenheim kommt Fritz, ein eingefleischter Junggeselle, endlich unter die Haube. Die *Hochzeit von Freund Fritz* wird mit zahlreichen Folkloregruppen gefeiert. Thematisiert wird die historische Romangestalt aus einem Buch von Emil Erckmann und Alexandre Chatrian (1864).

Dem ★🚸 *Corso Fleuri,* einem farbenprächtigen *Blumenkorso* mit Folklorefest und Feuerwerk in Sélestat, wohnen Zehntausende von Zuschauern bei.

September
Vor der malerischen Kulisse von Ribeauvillé wird der ★ *Pfifferdai* begangen, der Jahrestag der fahrenden Spielleute. Die Ursprünge des großen Volksfestes gehen bis weit ins Mittelalter zurück. Der Umzug findet am ersten Sonntag des Monats statt, zum Schluß fließt der Wein gratis aus dem Brunnen.

Wachsender Beliebtheit erfreut sich die *Gourmetmesse Degustha* in Hagenthal-le-Bas bei Basel.

Dezember
Ab Anfang Dezember gibt es im ganzen Elsaß *Christkindlmärkte,* die schönsten in Strasbourg und Kaysersberg.

Im kulinarischen Elsaß steht das Schlemmen auch bei vielen Festen im Mittelpunkt – vom Osenbacher Schneckenrennen über die Rouffacher Öko-Messe bis zum Sauerkrautfest in Geispolsheim

Imposante Burgen auf steilen Felsen

In kleinen Dörfern herrscht Beschaulichkeit, alte Burgen und Ruinen locken als Ausflugsziele

Wer allzuviel Betriebsamkeit und Touristenrummel meiden will und vor allem Ruhe und Erholung sucht, für den ist das Nordelsaß genau das richtige. Zwischen Rhein und Vogesen zeigt sich das Elsaß hier von seiner beschaulichen, verträumten Seite. Im Nordosten, entlang der Rheinebene, erstreckt sich eine flache Riedlandschaft mit malerischen Fachwerkdörfern, die nach Westen, zu den Vogesen hin, zunehmend hügeliger und grüner wird. Sportlichen Urlaubern bietet diese Region ideale Möglichkeiten zum Wandern, Reiten oder Radfahren. Romantisch Veranlagte können hier eine der beeindruckendsten Burgenketten Europas bewundern: Von Wissembourg bis Sarreguemines in Lothringen folgt eine Burgruine auf die andere – einige sind im dichten Wald versteckt, andere weithin sichtbar, trutzig auf Felsen errichtet.

Das Schloß von Saverne leuchtet in rotem Vogesensandstein

HAGUENAU

(110/B5) Touristen verirren sich nur selten in diese mit 30 000 Einwohnern viertgrößte Stadt des Elsaß. Das auf halbem Weg zwischen Strasbourg und Wissembourg an der Moder gelegene Haguenau, einst eine der Lieblingsresidenzen Barbarossas, hat in mehreren Kriegen – zuletzt 1944 – viel von seiner al-

Hotel- und Restaurantpreise

Hotels
Luxuskategorie: ab 260 Mark
Kategorie 1: 160–260 Mark
Kategorie 2: 90–160 Mark
Kategorie 3: bis 90 Mark
Preise für zwei Personen im Doppelzimmer ohne Frühstück.

Restaurants
Luxuskategorie: ab 110 Mark
Kategorie 1: 65–110 Mark
Kategorie 2: 40–65 Mark
Kategorie 3: bis 40 Mark
Preise für ein Dreigängemenü ohne Getränke.

Im Turm von Saint-Georges zu Haguenau schwingen des Elsaß älteste Glocken

ten Bausubstanz verloren. Von dem kaiserlichen Palast, den Kaiser Rotbart hier errichtete, von der alten Stadtmauer mit ihren fünf Türmen ist nichts mehr zu sehen. Das älteste noch erhaltene Haus, der Alte Zoll, stammt aus dem 15. Jh. Dennoch lohnt sich ein Bummel durch die belebte Fußgängerzone mit ihren Cafés und Geschäften. Im *Haguenauer Forst* nördlich der Stadt laden Wanderwege zu ausgedehnten Spaziergängen ein. Mit dem *Nautiland* hat Haguenau außerdem eines der schönsten Hallenbäder Ostfrankreichs anzubieten.

BESICHTIGUNG

Église Saint-Georges
Die im 12. Jh. errichtete Kirche mit gotischer Fassade ist das Überbleibsel einer mittelalterlichen Abtei. Im achteckigen Turm schwingen die ältesten Glocken des Elsaß, 1268 in Erz gegossen. *Rue Saint-Georges*

MUSEEN

Musée Alsacien
Im Heimatmuseum sind Trachten und Gebrauchsgegenstände aus dem 15.–18. Jh., eine typisch elsässische Inneneinrichtung mit Küche und Stube sowie eine alte Töpferwerkstatt zu sehen. *1, Place Thierry, Mo und Mi–Fr 9–12 und 14–18 Uhr, Di 14–18 Uhr, Sa, So 14–17 Uhr, Eintritt 10 FF, Kinder 5 FF*

Musée Historique
Im Historischen Museum sind rund 750 Gegenstände aus der Eisen- und Bronzezeit ausgestellt, die in Gräbern im Haguenauer Forst gefunden wurden und von der frühen Besiedlung dieses Waldgebietes zeugen. *9, Rue du Maréchal Foch, Mo und Mi–Fr 10–12 und 14–18 Uhr, Sa, So 15–17.30 Uhr, Eintritt 20 FF, Kinder 10 FF*

RESTAURANTS

Chez Monique
Solide, bodenständige Küche in familiärer Atmosphäre. *13, Rue Meyer, Tel. 03 88 93 30 90, So und Mo geschl., Kategorie 2*

Taverne Barberousse
Herzhafte elsässische Hausmannskost, bei gutem Wetter auf der Terrasse. *8, Place Barberousse, Tel. 03 88 73 31 09, So und Di abends sowie Mo geschl., Kategorie 2–3*

HOTEL

Europe
Komfortables Hotel mit Sauna, Schwimmbad und Fitneßraum an der südlichen Ortseinfahrt. Geschmackvolle Zimmer, kürz-

lich renoviert. *81 Zi., 15, Avenue du Professeur René Leriche, Tel. 03 88 93 58 11, Fax 03 88 06 05 43, Kategorie 2*

AUSKUNFT

Office de Tourisme
67500 Haguenau, 1, Place de la Gare, Tel. 03 88 93 70 00, Fax 03 88 93 69 89

ZIELE IN DER UMGEBUNG

Betschdorf und Soufflenheim (110/C 3–4, 111/D 5)
Am Rande des Haguenauer Forstes mit seinen Tongruben liegen die beiden Dörfer, auf die sich heute die einst in zahlreichen Orten vertretene Keramikindustrie des Elsaß konzentriert. Die blaue, salzglasierte Ware von Betschdorf ist nicht feuerfest, aber wasserdicht. In Betschdorf befindet sich ein kleines *Töpfermuseum (2, Rue de Kuhlendorf, Karfreitag bis 1. Nov. tgl. 10–12 und 13–17 Uhr, sonst nach Voranmeldung unter Tel. 03 88 54 48 00, Eintritt 20 FF, Kinder 10 FF).*

In Soufflenheim wird feuerfestes, bleiglasiertes und mit hübschen Motiven verziertes Kochgeschirr hergestellt. Die Töpfer verkaufen vor allem an Großhändler und an Touristen und lassen diese auch einen Blick in die Werkstätten werfen. Gut essen kann man im Restaurant *Au Bœuf (48, Grand'Rue, Tel. 03 88 86 72 79, Kategorie 2).*

Sessenheim (111/D 5)
Hier verliebte sich 1770 Johann Wolfgang von Goethe, damals Student in Strasbourg und gerade 21 Jahre alt, in die noch jüngere Pastorentochter Friederike Brion. Die Romanze, die Goethe zu seinem »Heideröslein« inspiriert haben soll und an die er sich später in seiner Autobiographie »Dichtung und Wahrheit« erin-

MARCO POLO TIPS FÜR DAS NORDELSASS

1. **Fleckenstein**
Bei Wissembourg thront eine der beeindruckendsten Burgen des Elsaß, trutzig auf einem riesigen Sandsteinblock errichtet (Seite 43)

2. **Haut-Barr**
Die Burg bei Saverne bietet einen grandiosen Rundblick und trägt ihren Namen »Auge des Elsaß« zu Recht (Seite 37)

3. **Quartier du Bruch**
Malerisch von mehreren Armen der Lauter umspültes mittelalterliches Viertel von Wissembourg (Seite 40)

4. **Saint-Pierre et Saint-Paul**
Eine der interessantesten Kirchen des Elsaß mit einer eigenartigen zweistöckigen Doppelkapelle in Neuwiller-lès-Saverne (Seite 37)

nert, endete im August 1771, als sich der ruhelose Studiosus von Strasbourg und seiner Jugendliebe verabschiedete. An die »Sessenheimer Idylle« erinnern eine *Goethe-Gedenkstätte (tgl. 9–18 Uhr, Eintritt frei)*, die Fachwerkscheune des einstigen Pfarrhauses sowie eine Privatsammlung mit Dokumenten über Goethe und die Familie Brion im Gasthaus *Auberge du Bœuf* gegenüber der Kirche *(Mo und Di geschl.)*.

SAVERNE

(113/D 1–2) Schon der deutsche Dichter Goethe und sein französischer Kollege Victor Hugo haben die schöne Lage des 40 Kilometer nordwestlich von Strasbourg liegenden Städtchens Saverne (11 500 Ew.) besungen. Das vom Rhein-Marne-Kanal durchquerte ehemalige Zabern liegt am Eingang des Zorn-Tals am Rande der Vogesen und ist somit ein ideales Standquartier für Ausflüge in den Naturpark Nordvogesen oder das sanft hügelige Hanauerland.

Der Ort war wegen seiner günstigen Lage an der schmalsten und niedrigsten Stelle der Vogesen bereits zur Römerzeit eine wichtige Etappe auf dem Weg vom Rhein nach Lutetia (Paris). Seinen Namen verdankt er übrigens drei Tavernen *(tres tabernae)*, in denen Reisende damals haltmachen konnten. Heute ist Saverne – nicht zuletzt dank der verkehrsgünstigen Lage an der Autobahn und der Zugstrecke Strasbourg–Paris – ein reger und lebendiger Ort, der es verstanden hat, Industrie (Werkzeugbau, Elektronik, Brauereien) anzusiedeln, ohne seinen kleinstädtischen Charme zu verlieren. Einen Eindruck von der Stadt machen Sie sich am besten bei einem Bummel über die Grand'Rue, die Haupteinkaufsstraße, mit einer Reihe von historischen Häusern, hinunter zur Basse Ville, der Unterstadt. In diesem Viertel gibt's noch einen Teil der alten Stadtmauer und einen der ehemals 52 Stadttürme am Ufer der Zorn. Schöne, alte Häuser finden Sie außerdem in der Rue des Églises, Rue des Pères und Rue des Frères.

BESICHTIGUNGEN

Château des Rohan

Hauptattraktion von Saverne ist das Schloß, die ehemalige Residenz der durch die Reformation vertriebenen Straßburger Fürstbischöfe, wegen seiner klassizistischen Form auch »Elsässisches Versailles« genannt. Das heutige Gebäude mit seiner imposanten, 140 m langen, säulenverzierten Fassade zum Park ließ der für seinen verschwenderischen Lebensstil bekannte Bischof Louis-René-Edouard Rohan nach dem Vorbild von Schloß Wilhelmshöhe bei Kassel neu aufbauen, nachdem die alte Bischofsresidenz 1779 in Flammen aufgegangen war.

Der Lebemann-Bischof wurde allerdings mit dem Bau nicht fertig, und zwar wegen der sogenannten Halsbandaffäre: Um sich die Gunst der Königin Marie-Antoinette zu sichern, wollte er dieser ein horrend teures Halsband kaufen – und fiel dabei auf eine Betrügerin herein. Dem ambitiösen Kirchenmann brachte diese Affäre, die das Ancien Régime schwer erschütterte, zunächst einen Aufenthalt in der Bastille und 1786 dann das Exil ein. Erst ein Jahrhundert später ließ Louis Napoleon Bonaparte das Schloß fertigstellen und machte daraus ein Wohnheim für Beamtenwitwen. Nach dem Krieg von 1870/71, mit dem das Elsaß Teil des wilhelminischen Kaiserreichs wurde, brachte die deutsche Armee darin eine Garnison unter. Heute sind in dem majestätischen Gebäude aus rötlichem Vogesensandstein das *Musée Municipal* und die örtliche *Jugendherberge* für die Öffentlichkeit zugänglich. *Place du Général-de-Gaulle*

Église des Récollets

Die Kirche gehörte im 14. Jh. zu einem Augustinerkloster, das später von Franziskanern übernommen wurde. Ihre einfache Innenausstattung entspricht der Philosophie des Bettelordens. An der Nordfassade befindet sich einer der schönsten gotischen Kreuzgänge des Elsaß. *Rue Poincaré*

Maison Katz

Das 1605 fertiggestellte ehemalige Domizil des bischöflichen Steuereinnehmers Henri Katz mit seinen reich geschnitzten Fachwerkbalken und dem zweistöckigen Erker ist eines der schönsten elsässischen Renaissancehäuser. Heute beherbergt es eines der beliebtesten Restaurants der Stadt *(Tel. 03 88 71 16 56, Kategorie 2). 80, Grand'Rue*

Notre-Dame de la Nativité

Die katholische Pfarrkirche wurde vom 12. bis 15. Jh. errichtet. Romanisch sind noch das Portal und der quadratische Glockenturm, das Schiff und der Chor sind gotisch. Sehenswert im Inneren Fresken aus dem Jahre 1596, die Skulptur »Das Leiden Christi« des Augsburger Bildhauers Hans Daucher (1523) sowie die reichverzierte Kanzel (1495). An die Westfassade grenzt ein kleiner Garten, der früher ein Friedhof war. Dort finden sich noch einige Sarkophage aus der Merowingerzeit. *Rue du Tribunal*

Roseraie

Dem um 1900 angelegten Rosengarten verdankt Saverne den Beinamen die »Rosenstadt«. Mit ihren rund 7500 Rosenstöcken von über 450 verschiedenen Arten gilt die Roseraie als ein Blumenjuwel in Frankreich. Jedes Jahr im Juni findet hier ein großes Rosenfest statt. *Rue de Paris, Juni–Sept. tgl. 9–19 Uhr, Eintritt 15 FF, Kinder frei*

MUSEUM

Musée Municipal

Die bereits 1858 gegründete archäologische Sammlung der Stadt, eine der ältesten und bedeutendsten im Elsaß, ist im Rohan-Schloß untergebracht. Zu sehen sind vor allem galloromische Funde wie Grabsteine, Exponate aus der Vorgeschichte und der Merowingerzeit. Die kunstgeschichtliche Abteilung mit religiösen Darstellungen vom 15. bis 19. Jh. sowie Exponaten zur Stadtgeschichte ist derzeit geschlossen. Zu sehen ist dagegen eine Sammlung mit Dokumenten über Louise Weiss, eine aus dem Elsaß stammende Frauenrechtlerin, Widerstandskämpferin und Europa-Abgeordnete. *Château des Rohan, Place du Général-de-Gaulle, 16. Juni bis 15. Sept. Mi–Mo 10–12 und 14–18 Uhr, Dez.–Feb. nur So 14–17 Uhr, März–15. Juni und 16. Sept.–Nov. Mi–Mo 14–17 Uhr, Eintritt 19 FF, Kinder unter 16 frei*

RESTAURANTS

Au Bœuf Noir

Traditionelle elsässische Gerichte zu akzeptablen Preisen. *22, Grand' Rue, Tel. 03 88 91 10 53, So abends und Di geschl., Kategorie 3*

La Carpe d'Or

Behaglich eingerichtete Winstub, wo herzhafte und schmackhafte Hausmannskost wie Flammekueche und andere Spezialitäten geboten wird. *58, Grand' Rue, Tel. 03 88 71 20 41, Mo geschl., Kategorie 2*

Zuem Staeffele

Gemütliches Restaurant, in dem elsässische Küche ebenso gut zubereitet wird wie phantasievolle Fischgerichte und köstliche Desserts. *1, Rue Poincaré, Tel. 03 88 91 63 94, Do mittags und Mi geschl., Kategorie 2*

EINKAUFEN

Feinkostläden und Souvenirgeschäfte in der *Grand'Rue*. Sehr gute hausgemachte Pralinen finden Sie in der *Konditorei Oberlin (Nr. 66–68)*, gute elsässische Kuchen bei *Boistelle (Nr. 92)* und bei *Ehrhardt (Nr. 11)*. Jeden Donnerstagvormittag bieten die Bauern und Händler der Region ihre Spezialitäten auf dem *Wochenmarkt* vor dem Schloß feil. *Château des Rohan, Place du Général-de-Gaulle*

HOTELS

Chez Jean

In einem ehemaligen Kloster sind jetzt 27 modern und funktionell eingerichtete Hotelzimmer untergebracht. Zu dem Haus gehören ein gutes Restaurant und eine Winstub. *3, Rue de la Gare, Tel. 03 88 91 10 19, Fax 03 88 91 27 45, Kategorie 2*

Hotel de l'Europe

Zentral und direkt am Bahnhof gelegenes, modernes Hotel mit gutem Komfort. *29 Zi., 7, Rue de la Gare, Tel. 03 88 71 12 07, Fax 03 88 71 11 43, Kategorie 2*

Geiswiller

Etwas außerhalb des Zentrums liegt dieses schöne Hotel mit Restaurant und 41 geschmackvollen Zimmern. *17, Rue de la Côte, Tel. 03 88 91 18 51, Fax 03 88 71 15 36, Kategorie 2*

AM ABEND

Sehr viel ist in Saverne abends nicht los. Im ★ *Petit Rohan (6, Place du Général-de-Gaulle)* kann man bis Mitternacht ein Gläschen trinken. An schönen Sommerabenden ist der ★ *Schloßplatz* ein beliebter Treffpunkt.

AUSKUNFT

Office de Tourisme

Château des Rohan, Place du Général-de-Gaulle, 67700 Saverne, Tel. 03 88 91 80 47, Fax 03 88 71 02 90

ZIELE IN DER UMGEBUNG

Bouxwiller (109/D 5)

Das 3700 Einwohner zählende Städtchen liegt abseits der Touristenströme und ist entsprechend verträumt und ruhig. Im 15. Jh. war das ehemalige Buchsweiler Residenz der Grafen von Hanau-Lichtenberg. Vom einstigen herrschaftlichen Glanz ist heute aber nicht mehr viel zu sehen – das gräfliche Schloß wurde während der Französischen Revolution zerstört. Den Reiz des Städtchens machen seine kleinen Gäßchen und die alten Fachwerkhäuser mit ihren schönen Giebeln, Erkern und den malerischen Innenhöfen aus. Im Rathaus, einem Renaissancebau aus dem 17. Jh., ist ein kleines *Heimatmuseum* untergebracht. Ein kürzlich eröffnetes *jüdisches Museum (62 a, Grand'Rue)* in einer ehemaligen Synagoge berichtet über die jahrhundertealte Geschichte der Juden im Elsaß.

Ein beliebter Spaziergang führt zum drei Kilometer außerhalb der Stadt liegenden, 326 m hohen *Bastberg*, wo im Mittelalter die Hexen ihr Unwesen getrieben haben sollen.

Haut Barr **(113/D 2)**
Die imposante ★☼ *Burgruine Haut Barr* wurde vom 14. bis 16. Jh. in 458 Meter Höhe auf drei Felsen errichtet, die miteinander durch Stege verbunden sind. Sie war Sommerresidenz der Straßburger Bischöfe, bis sie 1648 von den Franzosen geschleift wurde. Heute ist die im 18. Jh. notdürftig restaurierte Ruine ein beliebtes Ausflugsziel mit *Restaurant* und *Café*. Man kann schön im Freien sitzen und den weiten Blick über die Nordvogesen und die lothringische Seenplatte genießen, dem die Burg ihren Beinamen »Auge des Elsaß« verdankt.

Jardin Botanique **(113/D 2)**
Der Botanische Garten liegt 3,5 km außerhalb von Saverne, auf halbem Weg zur Zaberner Steige. Hier sind an die 2000 zum Teil seltene Pflanzen zu bewundern, darunter zahlreiche Orchideenarten. *1. Mai–15. Sept. Mo–Fr 9–17 Uhr, So 14–18 Uhr, Juli und Aug. auch Sa 14–19 Uhr, So 9–17 Uhr, Eintritt 15 FF, Kinder 10 FF*

Kirrwiller **(109/E 5)**
Das 450-Seelen-Dorf ist ein Mekka für Revuefans aus ganz Ostfrankreich und dem benachbarten Ausland: 1996 wurde der pompöse *Royal Palace* mit 1000 Plätzen und hochmoderner Drehbühne eröffnet. Wer sich ein paar Stunden lang vergnügen will, zahlt zwischen 70 und 100 Mark. Dafür gibt's ein komplettes Menü mit Tanzmusik und anschließend eine Revue. *Reservierung Tel. 03 88 70 71 81, Fax 03 88 71 31 95*

Neuwiller-lès-Saverne **(108/C 5)**
In diesem Ort finden Sie eine der interessantesten Kirchen des Unterelsaß: Die vom 11. bis 13. Jh. erbaute ehemalige ★ *Abteikirche Saint-Pierre et Saint-Paul (5, Place de l'Église)* vereinigt eine Vielfalt von Baustilen in sich. Sehenswert ist vor allem eine um 1050 erbaute, aus zwei übereinanderliegenden dreischiffigen Räumen bestehende Doppelkapelle. In der oberen Kapelle befinden sich vier prachtvolle Wandteppiche, die das Leben des Ortsheiligen Adelphus illustrieren. Für die Besichtigung der Wandteppiche im Pfarrhaus gegenüber nachfragen. Gut essen, vor allem Wildgerichte, kann

man im Gasthaus *Au Chasseur (8, Rue du 22 Novembre, Tel. 03 88 70 33 19, Mo abends und Di geschl., Kategorie 2).*

Saint-Jean-Saverne (108/C 6)
Auf einer Anhöhe liegt Saint-Jean-Saverne mit seinen alten, blumengeschmückten Häusern und einem Friedhof mit schönen barocken Kreuzen. Von einer 1127 gegründeten *Abtei* ist noch eine der besonders schönen romanischen Kirchen des Elsaß erhalten, ein Bau aus dem 12. Jh. von seltener architektonischer Harmonie. Ein knapp zehnminütiger, kleiner Spaziergang führt zu einem Felsen mit kreisförmig ausgehobener Plattform, wo laut Legende die Hexen getanzt haben sollen, bevor sie zu ihrem Treffpunkt am Bastberg bei Bouxwiller flogen.

La Petite-Pierre (108/B 5)
Das in 380 Meter Höhe in den Vogesen gelegene ehemalige Lützelstein ist ein ausgesprochener Fremdenverkehrsort mit mehreren komfortablen Hotels. Der alte Dorfkern und die *Burgruine Lützelstein* liegen auf einem Fels, der einst ganz befestigt war. Vor allem Wanderer und erholungsbedürftige Urlauber finden in dem 700-Seelen-Dorf, was ihr Herz begehrt: Ruhe, schöne Landschaft, gute Luft und viel Wald. La Petite-Pierre ist auch Verwaltungssitz des Naturparks Nordvogesen. Lohnend ist ein Spaziergang von La Petite-Pierre zu der 3,5 Kilometer entfernten, schön an einem kleinen Teich gelegenen *Auberge de l'Imsthal (Tel. 03 88 01 49 00, tgl., Kategorie 2),* wo man gut essen und gemütlich im Freien sitzen kann.

Schiffshebewerk (Plan Incliné) (112/B 2)
Bei Saint-Louis-Arzviller (kurz vor Sarrebourg) am Rhein-Marne-Kanal liegt diese in Frankreich einmalige technische Kuriosität: ein 43 Meter langer »Fahrstuhl« für Lastkähne, der einen beeindruckenden Höhenunterschied von 44,5 Metern überwindet. Den Kapitänen erspart diese Einrichtung eine Tagesfahrt mit 17 Schleusen. *Bootsfahrten von Lutzelbourg zum Schiffshebewerk starten täglich. Kartenvorverkauf (1 Tag vorher) beim Office de Tourisme in Saverne oder direkt vor Ort: Mai, Juni, Sept. tgl. 9–17.45 Uhr, Juli und Aug. 10.15 bis 17.20 Uhr, 38 FF, Kinder 28 FF*

Tour Chappe (113/D 2)
Am Fuße des Felsens von Haut Barr an der Auffahrt zur Ruine ist der Turm des früheren Chappe-Telegraphen wieder aufgebaut worden. Er diente von 1806 bis 1814 als Telegraphenstation. Ein *Museum* informiert über die optische Telegraphie und ihren Erfinder Claude Chappe. *Anfang Juni–Mitte Sept. Di–So 12–18 Uhr, Eintritt 10 FF*

WISSEMBOURG

(111/D 1) Wissembourg (7500 Ew.), die nördlichste Stadt des Elsaß, liegt in einer anmutig-sanften Landschaft am Fuße der Vogesen, direkt an der Grenze zur Pfalz, weshalb die Stadt auch das »nördliche Tor Frankreichs« genannt wird. Sie hat trotz mehrfacher Zerstörung viel von ihrem mittelalterlichen Charakter bewahrt und gehört zu den attraktiven Zielen im Elsaß, weil sie nicht nur auf Fremdenverkehr gesetzt hat und ihre Reize etwas zurückhaltender preisgibt, als dies in den Touristenhochburgen der Fall ist. Mehrere Arme der Lauter durchfließen Wissembourg, und um die Stadt zieht sich der weitgehend noch intakte Verteidigungswall aus dem 18. Jh., der heute von den Einwohnern vor allem als Spazierweg genutzt wird.

Wissembourg ist ein regionales Schul- und Verwaltungszentrum, hat sich aber auch mit Erfolg um die Ansiedlung von Kleinindustrie bemüht. Die heimischen Unternehmen haben allerdings zunehmend Schwierigkeiten, Arbeitskräfte zu bekommen, da immer mehr Elsässer ihr Brot als Grenzgänger in Deutschland verdienen. Zur Zeit »exportiert« die Region Wissembourg gut ein Viertel ihrer Arbeitskräfte. Auch sonst macht sich die Grenzlage der Stadt überall bemerkbar. Seit den fünfziger Jahren haben sich mehrere deutsche Unternehmen in der Grenzstadt niedergelassen. Bäuerinnen aus der Pfalz bieten ihre Erzeugnisse auf dem Wissembourger Wochenmarkt an, und sonntags bevölkern Pfälzer Gourmets die vielen Feinschmeckerlokale der Region. Wie in anderen elsässischen Grenzgemeinden lassen sich auch in Wissembourg und Umgebung immer mehr Deutsche nieder – angezogen von den niedrigeren Immobilienpreisen.

Sprachprobleme gibt es kaum: Im Nordelsaß spricht noch eine Mehrheit der Bevölkerung den südrheinfränkischen Dialekt, der für Deutsche besser zu verstehen ist als das Alemannische im südlichen Elsaß. Urkundlich erwähnt wurde Wissembourg erstmals im Jahre 1178, doch bereits 660 hatten Benediktinermönche hier auf einer Lauter-Insel ein Kloster gegründet, das einst ein wichtiges Zentrum des geistigen Lebens war. Davon ist aber heute, außer einem Rest der alten Klostermauer mit dem »Scharterturm«, nichts mehr zu sehen, und auch die wertvolle Klosterbibliothek ist in alle Winde zerstreut. Ihr berühmtestes Stück, das gegen 870 entstandene »Evangelienbuch« des Mönchs Otfrid von Weißenburg in südrheinfränkischem Dialekt, das zu den ältesten deutschsprachigen Dichtungen gehört, wird heute in Wien aufbewahrt, andere Manuskripte befinden sich in Wolfenbüttel.

Kinderzeitung

Die Wochenzeitung »Journal des enfants« begann ihre Existenz im Herbst 1984 als Experiment – heute hat sie mit einer Auflage von 110 000 Exemplaren fast schon ihre Ziehmutter, die Mülhausener Tageszeitung »L'Alsace«, überrundet. Hauptziel des Kinderblattes ist es, seine jungen Leser in kindgerechter Sprache über das Weltgeschehen zu informieren. Ein positiver Dopingbefund bei der Tour de France wird beispielsweise so beschrieben: »Er soll etwas eingenommen haben, das ihm mehr Kraft gibt.« Die Kinderzeitung ist ein guter Einstieg, ehe Sie sich auf »Le Monde« stürzen.

BESICHTIGUNGEN

Le Bruch

★ Malerisches, von der Lauter umspültes Viertel, das im 15. Jh. entstanden ist. Schöne Bürgerhäuser aus dem 15.–17. Jh. säumen den Fluß an beiden Ufern. An der Westseite des Viertels befindet sich der *Husgenossen-Turm* aus dem Jahre 1420.

Église Saint-Jean

In dieser protestantischen Kirche erläuterte einst Martin Butzer (1491–1551) die Thesen der Reformation, und am 27. Juli 1725 wurde hier die Heirat Ludwigs XV. mit der im Wissembourger Exil lebenden polnischen Königstochter Maria Leszczyński verkündet. Der romanische Turm stammt aus dem 13. Jh. *Rue du Presbytère*

Église Saints Pierre et Paul

Auf den Resten der 1074 geweihten Abteikirche entstand im 13. Jh. aus rosa Vogesensandstein die nach dem Münster in Strasbourg zweitgrößte gotische Kirche des Elsaß. Sehenswert sind innen die prachtvollen Glasfenster aus dem 12. und 13. Jh., Fresken aus dem 15. Jh. sowie eine elf Meter hohe Statue des heiligen Christophorus, des Schutzpatrons der Reisenden. Zur Kirche gehört einer der besonders berühmten Kreuzgänge am Oberrhein, der allerdings nur aus einem Flügel besteht, weil er nie fertiggebaut wurde. *Avenue de la Sous-Préfecture*

Le Holzapfel

Das Patrizierhaus mit seinem Ecktürmchen war im 15. Jh. Stadtresidenz eines kaiserlichen Vogts, später wurde daraus ein Gasthaus mit Pferdepoststation. Zu den berühmten Gästen gehörte Napleon I., der hier 1806 abstieg. *Rue Nationale/Rue des Cavaliers*

Hôpital Stanislas

In dem heute als Altersheim genutzten Gebäude aus dem Jahre 1700 fanden der polnische König Stanislaus und dessen Tochter Maria nach ihrer Vertreibung aus Polen eine Exilbleibe. Stanislaus lebte sechs Jahre zurückgezogen in Wissembourg, bis er 1725 überraschend um die Hand Marias für den Thronfolger Ludwig XV. gebeten wurde. *Rue Stanislas*

Maison de L'Ami Fritz

Dieses Renaissancehaus von 1550 mit wunderschönem Giebel im Bruch-Viertel diente als Dekor für den 1932 entstandenen Film über den Romanhelden »Ami Fritz« von Erckmann-Chatrian. Es liegt nördlich von der Kirche Saints Pierre et Paul an der Lauter-Brücke.

Maison du Sel

Das 1430 erbaute Haus mit seinem imposanten dreistöckigen Dach am Pont du Sel war das erste Krankenhaus der Stadt. Später diente es als Salzspeicher und Schlachthaus. *Rue du Marché aux Poissons*

Quai Anselmann

Der an einem der Lauter-Arme gelegene Quai mit seinen Häusern aus dem 15. und 16. Jh. ist ein schönes Fotomotiv. Eines seiner herausragenden Gebäude ist die *Maison Vogelsberger* aus dem Jahre 1540, in der heute eine Schule untergebracht ist.

MUSEUM

Musée Westercamp
Das Wissembourger Heimatmuseum ist in zwei Fachwerkhäusern aus dem 16. Jh. untergebracht. Es zeigt gallorömische Funde aus der Region, alte Möbel, Waffen und Uniformen sowie Bilder und Dokumente aus der Stadtgeschichte. *4, Rue du Musée, April–Dez. Mo, Mi, Do, Sa 14–18 Uhr, Fr 9–12 Uhr, So 10–12 und 14–18 Uhr, Eintritt 15 FF, Kinder 7 FF*

RESTAURANTS

L'Ange
Das malerisch an der Lauter gelegene Gebäude aus dem 15. Jh. beherbergt ein Restaurant mit Stil und gepflegter Küche. *2, Rue de la République, Tel. 03 88 94 12 11, Di abends und Mi geschl., Kategorie 1–2*

Le Cheval Blanc
15 Kilometer westlich von Wissembourg finden Sie in *Lembach* den bekanntesten Feinschmeckertempel im Nordelsaß (zwei Michelin-Sterne). Erstklassige Küche zu vergleichsweise erschwinglichen Preisen, Spitzenweine, freundliche Bedienung. *4, Route de Wissembourg, Tel. 03 88 94 41 86, Mo und Di geschl., Kategorie 1*

Das Salzhaus aus dem 15. Jh. imponiert mit seiner gewaltigen, dreistöckigen Dachkonstruktion

Au Cygne
Stopfleber, Crêpes mit Schnekken und Knoblauchcreme und geräucherte Forellen gehören zu den Spezialitäten dieses alteingesessenen Restaurants in der Stadtmitte. *3, Rue du Sel, Tel. 03 88 94 00 16, Do mittags und Mi geschl., Kategorie 2*

Le Gambrinus
Gemütliche Weinstube mit einfacher Hausmannskost. *17, Rue Nationale, Tel. 03 88 54 85 85, Mo geschl., Kategorie 3*

La Mirabelle
Ein beliebtes Café, wo man von mittags bis abends Kleinigkeiten essen kann. Ab und zu gibt es Live-Musik, vor allem Blues und Jazz. *3, Rue du Général Leclerc, Mo geschl., Kategorie 3*

Au Petit Dominicain
In angenehmer Atmosphäre genießt man traditionelle elsässische Küche. *36, Rue Nationale, Tel. 03 88 94 90 87, Mo abends und Di geschl., Kategorie 2–3*

EINKAUFEN

Gourmets zufolge lohnt sich ein Abstecher nach Wissembourg schon allein wegen der *Konditorei Rebert*, wo man die feinsten Schokoladentrüffeln und das beste Eis weit und breit bekommt *(7, Place du Marché aux Choux)*. Sehr gute Kuchen werden in der *Konditorei*

Grandiose Aussicht: Felsen der Ruine Fleckenstein im Naturpark Nordvogesen

Criqui-Matern (6, Rue de la Republique) gefertigt. Das frische Backwerk kann man auch gleich vor Ort bei einer Tasse Tee oder Kaffee genießen.

HOTELS

Hotel d'Alsace

Modernes Hotel direkt am Bahnhof mit komfortablen, ruhigen Zimmern. Guter Service. *41 Zi., 16, Rue Vauban, Tel. 03 88 94 98 43, Fax 03 88 94 19 60, Kategorie 2*

Au Cygne

Hier machten schon im 15. Jh. die Postkutscher halt. Heimelige Atmosphäre, geschmackvolle Zimmer, gutes Restaurant. *16 Zi., 3, Rue du Sel, Tel. 03 88 94 00 16, Fax 03 88 54 38 28, Kategorie 2*

La Walk

Ruhiges Hotel wenige Minuten vom Stadtkern entfernt. Die Zimmer sind etwas nüchtern, aber komfortabel eingerichtet, der Empfang ist freundlich. *25 Zi., 2, Rue de La Walk, Tel. 03 88 94 06 44, Fax 03 88 54 38 03, Kategorie 2*

AM ABEND

Im Kulturzentrum *Relais Culturel (Rue des Écoles)*, einer ehemaligen Dominikanerkirche, finden häufig Musik- und Theateraufführungen statt. Termine und weitere Auskunft über das Office de Tourisme. Wer abends noch etwas trinken und dabei mit Einheimischen ins Gespräch kommen will, kann dies im *Charles V (31, Rue Nationale)* tun. Im Sommer sind die *Place de la République* mit ihren Bänken und die Terrasse des Snack-Cafés *Au Saumon (3, Place du Saumon)* mit Blick auf die Lauter beliebte Treffpunkte.

AUSKUNFT

Office de Tourisme
9, Place de la République, 67160 Wissembourg, Tel. 03 88 94 10 11, Fax 03 88 94 18 82

ZIELE IN DER UMGEBUNG

Burg Fleckenstein (110/B 1)
★ Die imposanteste der nordelsässischen Burgen (12. Jh.) liegt im Naturpark der Nordvogesen auf einem riesigen Felsen. Eine schöne Rundwanderung führt weiter zu den benachbarten *Ruinen Hohenburg* und *Loewenstein.*

Geisberg (111/D 1)
Auf diesem Hügel fand am 4. August 1870 die blutige Eröffnungsschlacht des Deutsch-Französischen Krieges statt. Ein Denkmal mit dem gallischen Hahn erinnert mit gebührendem Pathos an das – vergebliche – Heldentum der französischen Krieger.

Hunspach (111/D 2–3)
Diese 600-Seelen-Gemeinde gilt als eines der herausragenden Fachwerkdörfer des Nordelsaß. Ein Abstecher in dieses Dorf läßt sich mit der Besichtigung der Maginotlinie verbinden.

Ligne Maginot (110/B–C 2–3)
Die von den Franzosen nach dem Ersten Weltkrieg errichtete, gigantische Befestigungsanlage Ligne Maginot ist heute eine Touristenattraktion. Unweit von Wissembourg kann man bei *Schœnenbourg* und *Lembach* Befestigungswerke besichtigen. Dreißig Meter unter der Erde wurden hier regelrechte Wehrstädte mit kilometerlangen Gängen, Gefechtsständen, Funkanlagen, Schlafsälen, Mannschaftsküchen und einem Lazarett angelegt. *Four à chaux in Lembach Mitte März–Mitte Nov. Führungen tgl. um 10, 14 und 15 Uhr, im Sommer häufiger, Eintritt 20 FF, Kinder 10 FF. Ouvrage de Schœnenbourg März bis Okt. jeden 1. So im Monat, Juli und Aug. jeden So 9–16 Uhr, Eintritt 25 FF, Kinder 15 FF*

Merkwiller-Pechelbronn (110/B–C 3)
In diesem unscheinbaren Dorf floß bis in die sechziger Jahre Erdöl. 1857 entstand die erste Raffinerie, 1936 deckte die Pechelbronner Produktion 17 Prozent des französischen Benzinbedarfs. Nach der Annexion des Elsaß kam das Öl den Deutschen zugute. Nicht umsonst fielen daher am 3. August 1944 in wenigen Minuten 1600 Bomben auf den kleinen Ort. Nach dem Krieg versiegten die Quellen. 1982 wurde die Produktion eingestellt. An die Glanzzeit des Pechelbronner Ölzeitalters erinnert ein kleines *Musée du Petrole (1, Rue des Écoles, April–Okt. So 14.30–18 Uhr, Eintritt 20 FF, Kinder 10 FF).*

Niederbronn-les-Bains (110/A 3)
Schon die Römer waren von der Heilkraft ihrer Thermalquellen überzeugt – heute ist die Vogesengemeinde der wichtigste Kurort des Elsaß (rund 4000 Kurgäste pro Jahr) und besitzt das einzige elsässische *Spielkasino.* Gut essen und übernachten kann man im *Hotel Cully (40 Zi., 35, Rue de la République, 67110 Niederbronn-les-Bains, Tel. 03 88 09 01 42, Fax 03 88 09 05 80, Kategorie 2).*

Elsässische Metropole und Europastadt

Zu Recht stolz auf ihre Vergangenheit, gibt sie sich zugleich betont modern

Carrefour de l'Europe« – Schnittpunkt Europas, so wird Strasbourg in Werbeprospekten genannt. Ein Kreuzpunkt ist die Stadt in der Tat. Hier fühlt man sich beim Espresso im Boulevardcafé ganz wie in Frankreich und in der Weinstube oder im Gasthaus bei einem Schoppen Wein oder einem frisch gezapften Bier – fast – wie zu Hause. Deutsche und Franzosen, unter deren Herrschaft Strasbourg abwechselnd stand, haben die Stadt geprägt. Bei einem Bummel durch den Stadtkern, der ringsum von der Ill eingegrenzt wird, können Sie die wechselvolle Geschichte Strasbourgs nachvollziehen. Mittelalterliche Fachwerkhäuser in engen, winkeligen Gassen, elegante französische Stadtpaläste an geometrisch angelegten, schnurgerade gezogenen Plätzen und pompöse Prachtbauten aus der wilhelminischen Zeit finden sich in enger Nachbarschaft.

»Ort der Begegnungen« nannte der 1994 verstorbene elsässische Kabarettist Germain Muller seine Stadt. Heute begegnen sich in Strasbourg neben Tausenden von Touristen auch regelmäßig Politiker aus Europa, denn seit 1949 ist die Elsaß-Metropole Sitz des Europarats. Außerdem ist Strasbourg Tagungsort des Europaparlaments der EU, das sich hier zu seinen monatlichen Plenarsitzungen trifft. Dann reisen an die zweitausend Abgeordnete, Parlamentsangestellte und Dolmetscher an, belegen die Hotels und bevölkern die Restaurants. Nicht alle der 28 000 hier lebenden Ausländer (von denen die Türken mit 14 000 die größte Gruppe bilden) sind so wohlgelitten wie die Beamten des Europarats oder die Europa-Abgeordneten: Bei der Präsidentschaftswahl im Mai 1995 wählten mehr als 20 Prozent der rund 400 000 Einwohner des Großaums Strasbourg

Das prachtvolle Portal des Münsters von Strasbourg

die unverblümt ausländerfeindliche, rechtsextreme Nationale Front. Dagegen gingen am Osterwochenende 1997 in Straßburg mehr als 80 000 Menschen auf die Straße, um gegen den in ihrer Stadt stattfindenden Parteitag des FN zu protestieren – die bisher größte Kundgebung in Frankreich gegen die Rechtsradikalen. Die Demonstration war ein politischer Erfolg für die Sozialistin Catherine Trautmann, die 1988 zur landesweiten Überraschung im seit Jahrzehnten konservativ regierten Straßburg den Bürgermeistersessel erobert hatte. Als Trautmann 1997 nach dem Wahlsieg der Linken als Kulturministerin nach Paris berufen wurde, konnte sie eine beachtliche Bilanz vorweisen: Unter ihrer Regie wurde die Innenstadt weitgehend für den Durchgangsverkehr gesperrt und eine hochmoderne Straßenbahn in Betrieb genommen. Gleichzeitig baute die Stadt Radwege und Fußgängerzonen aus. Nicht zuletzt dank dieser Maßnahmen wurde die Luftverschmutzung, früher eine der höchsten in Frankreich, erheblich reduziert. Und der zentrale Kléber-Platz, um den sich noch vor einigen Jahren an die 50 000 Autos Stoßstange an Stoßstange herumschoben, ist heute bei schönem Wetter ein beliebter Treffpunkt für Inline-Skater und Skateboard-Fahrer, Musikanten und Touristen.

Straßburg ist eine wohlhabende, bürgerlich geprägte Stadt. Doch in einigen Problemvierteln am Rande der Stadt wachsen Arbeitslosigkeit und soziale Not. Immer häufiger entladen sich dort, wie auch in den Vororten anderer französischer Großstädte, Spannungen und Frustrationen in gewaltsamen Ausschreitungen. Banden von Jugendlichen setzen dort regelmäßig Autos in Brand – 1998 waren es offiziellen Angaben zufolge über 600 – und verüben Anschläge auf Busse und Straßenbahnen.

Strasbourg ist stolz auf seine Geschichte, gibt sich aber gleichzeitig resolut modern. So bemüht sich die Stadt um den Ausbau ihres Technologiezentrums an der südlichen Peripherie, wo bislang rund zwei Dutzend Unternehmen angesiedelt sind. Mit ihren drei Universitäten, 37 000

MARCO POLO TIPS FÜR STRASBOURG

1 Cathédrale Notre-Dame
Das berühmte Münster gehört zum Pflichtprogramm (Seite 47)

2 Château des Rohan
Die Museen im Rohan-Schloß lohnen schon allein einen Besuch in Strasbourg (Seite 52)

3 Château de Pourtalès
Der Park des Schlosses ist ideal für einen Spaziergang (Seite 48)

4 Cour du Corbeau
Der malerische Innenhof ist von mittelalterlichen Fachwerkbauten umgeben (Seite 48)

Studenten, über 4000 Wissenschaftlern und 200 Forschungslabors ist die Elsaß-Metropole eines der bedeutenden Zentren für Forschung in Frankreich. Seit Anfang 1994 beherbergt Strasbourg auch die renommierte französische Elite-Verwaltungshochschule ENA. In einem denkmalgeschützten Gebäude im historischen Viertel Petite France werden jährlich rund 100 »Enarchen« zu Führungskräften ausgebildet. Gleich gegenüber am anderen Ill-Ufer wurde Ende 1998 das Straßburger Museum für moderne Kunst eröffnet. Kultur wird überhaupt großgeschrieben: Mit dem TNS (Théâtre National de Strasbourg) und der Rheinoper verfügt Strasbourg über zwei der bedeutendsten Bühnen Frankreichs; das Straßburger Musikfestival (Juni/Juli) zieht regelmäßig Liebhaber klassischer Musik und Jazzfreunde an, und im September bieten die Musiktage »Musica« zeitgenössische Musik für höchste Ansprüche. Außerdem ist die Europa-Stadt Sitz des deutsch-französischen Kulturfernsehkanals Arte.

BESICHTIGUNGEN

☛ **Stadtplan in der hinteren Umschlagklappe**

Ancienne Douane **(U/C 5)**
In dem »Alten Kaufhüs« an der Rabenbrücke wurden im Mittelalter Waren gelagert. Das Gebäude wurde 1944 bei einem Bombenangriff zerstört und 1956 originalgetreu wieder aufgebaut. Heute beherbergt es ein Restaurant mit Terrasse zur Ill sowie Galerieräume, in denen oft interessante Ausstellungen zu sehen sind. *6, Rue de la Douane*

Das Münster erhebt sich 142 m in den Himmel über Strasbourg

Cathédrale Notre-Dame/ Straßburger Münster **(U/C 4)**
★ Zum Münster führen in Strasbourg zwar alle Wege – am überwältigendsten ist der Eindruck aber, wenn Sie sich der Kathedrale durch die Rue Mercière (Krämergasse) nähern. Diese führt direkt auf die prachtvolle Westfassade mit der 16blättrigen Rosette (Durchmesser 14,5 Meter) über dem mittleren Portal zu, der reichverzierten Schauseite des Münsters, das die Baukunst dreier Jahrhunderte (1176–1439) widerspiegelt, von der Frühromanik bis zur Spätgotik. Einer der bedeutenden Baumeister des Münsters war Erwin von Steinbach. Er wollte ursprünglich zwei Türme bauen, wurde damit aber bis zu seinem Tode (1318) nicht fertig, so daß es bei dem einen, 142 m hohen Turm blieb. Über der Rosette befindet sich in 66 m Höhe eine Plattform, zu der 329 Stufen führen. Die Mühe lohnt sich, denn von da aus hat man einen herrlichen Blick über die Stadt

und ihre Umgebung. Im Inneren sind vor allem der Engelspfeiler mit seiner Darstellung des Jüngsten Gerichts, die Kanzel und die 71 Glasfenster aus dem 12. bis 15. Jh. sehenswert. Interessant ist auch die 18 Meter hohe *astronomische Uhr*, die täglich um 12.30 Uhr in Betrieb bewundert werden kann *(Eintritt: 5 FF)*. Ein außergewöhnliches Erlebnis bietet das Münster zum Frühlingsanfang am 20. März – falls im richtigen Moment, vormittags, die Sonne scheint: Dann bildet die durch eine ganz bestimmte Stelle an einem Fenster der Südfassade einfallende Sonne einen grünen Strahl, der unmittelbar über dem Haupt Christi den Baldachin der Kanzel aufleuchten läßt und damit den Augenblick der Tagundnachtgleiche angibt. Das 1984 von einem Straßburger Geometer entdeckte Phänomen dauert 20 Minuten und kann anschließend noch an fünf Tagen gesehen werden. *Place de la Cathédrale, Führung im Juli und Aug., Turmbesteigung tgl. 8.30–19 Uhr, Eintritt 12 FF, Kinder 9 FF. Mitte April–Mitte Okt. Ton-Bild-Show vor dem Münster (auch in Deutsch), Eintritt 29 FF, Kinder 16 FF*

Château de Pourtalès **(O)**

★ ❂ Das im 18. Jh. erbaute Schlößchen mit schönem Park liegt am Rande des gutbürgerlichen Wohnviertels Robertsau und wird von den Straßburgern als beliebtes Ziel für den Sonntagsspaziergang gewählt. Im Schloß gibt's ein *Restaurant* und ein *Café*, bei schönem Wetter Kaffee und Kuchen draußen. So vormittags beliebter Brunch-Treffpunkt *(11–14 Uhr, 161, Rue Mélanie, Kategorie 1–2)*.

Cour du Corbeau **(U/C 5)**

★ Hinter einem unscheinbaren Eingang verbirgt sich der Rabenhof – ein malerischer, von mittelalterlichen Fachwerkhäusern mit offenen Holzgalerien gesäumter Innenhof. Hier befand sich von 1528 bis 1854 das Gasthaus »Zum Raben«, in dem viele illustre Gäste bewirtet wurden. 1740 stieg Friedrich der Große inkognito ab, 1777 Kaiser Joseph II. von Österreich. Leider steht der Komplex seit 17 Jahren leer und verfällt zusehends. Doch nun wird er restauriert und soll zum Jahr 2001 in ein Viersternehotel umgewandelt werden. Vor dem Rabenhof liegt der *Pont du Corbeau* (Rabenbrücke), von dem aus im Mittelalter Verbrecher und Ehebrecherinnen in Säcke eingenäht in die Ill geworfen wurden. *1, Place du Corbeau*

Église Saint-Thomas **(U/B 5)**

Das zweitgrößte Gotteshaus Straßburgs ist eine der herausragenden gotischen Kirchen im Elsaß. Von außen besticht sie durch ihren strengen, mächtigen Gesamteindruck, im Inneren birgt sie ein Musterbeispiel der barocken Skulpturkunst in Frankreich: ein Denkmal für Moritz von Sachsen, der ab 1720 auf französischer Seite kämpfte, hergestellt von Jean-Baptiste Pigalle im Auftrag Ludwigs XV. An der von Andreas Silbermann 1740 fertiggestellten Orgel hat Albert Schweitzer oft gespielt, um Geld für seine Klinik zu sammeln. Auch Mozart gab hier 1778 ein Konzert. Noch heute finden in der seit 1549 protestantischen Kirche häufig Orgelabende statt. *Place Saint-Thomas, tgl. 9–12 und 14–17 Uhr*

Maison Kammerzell **(U/C 4)**
Mit seiner prachtvollen, mit zahlreichen symbolhaften Holzschnitzereien verzierten Fachwerkfassade ist es das wohl meistfotografierte Patrizierhaus Strasbourgs. Heute beherbergt das 1467 erbaute und 1571 vom damaligen Besitzer, einem reichen Kaufmann, erweiterte Gebäude am Münsterplatz auf drei Stockwerken ein *Restaurant* mit sehr guter Küche. Empfehlenswert ist vor allem Zander oder Lachs auf Sauerkraut (*16, Place de la Cathédrale, Tel. 03 88 32 42 14, tgl., Kategorie 1*).

Palais de l'Europe **(U/F 1)**
Der 1977 fertiggestellte Europapalast mit seinem quadratischen Grundriß und den 38 Meter hohen, schräg emporstrebenden Wänden aus Aluminium und Glas ist Sitz des 40 Mitglieder zählenden Europarats. Hier arbeiten die mehr als 1000 Beamten des 1949 gegründeten Staatenbundes, der sich vor allem dem Schutz der Menschenrechte und der kulturellen Zusammenarbeit widmet. Außerdem tagt in dem großen Plenarsaal jeden Monat für fünf Tage das Europaparlament der EU. Direkt hinter dem Europapalast wurde 1994 ein hochmodernes Gebäude für den Europäischen Menschenrechtsgerichtshof in Betrieb genommen. Der sogenannte Menschenrechtspalast ist Arbeitsstätte der Richter des Europarats, die die Einhaltung der Europäischen Menschenrechtskonvention überwachen sollen. Auf dem gegenüberliegenden Ill-Ufer wurde 1999 außerdem ein rund 90 Millionen Mark teurer Neubau für das Europaparlament mit Plenarsaal, Dutzenden Sitzungsräumen und rund 1200 Büros fertiggestellt, der auch noch einer neuen Erweiterung der Union genügend Platz bietet. *Avenue de l'Europe. Wer den Palais de l'Europe besichtigen will, sollte*

Europapalast: Sitz des Europäischen Parlaments und des Europarats

sich einen Tag vorher anmelden, Tel. 03 88 17 20 07.

Parc de l'Orangerie (U/F 1–2)
Straßburgs schönster Park mit Kinderspielplätzen, einem kleinen Tiergehege, einer Storchenaufzuchtstation und einem See (Bootsverleih). Im Pavillon Josephine, den Napoleon 1805 für die Kaiserin errichten ließ, finden im Sommer häufig Konzerte statt. Ein Café mit Terrasse bietet sich für eine kleine Pause an, wer gepflegt speisen will, kann dies im eleganten Feinschmeckerrestaurant *Buerehiesel* tun (s. Restaurants). *Avenue de l'Europe*

Terrasse Panoramique du Barrage Vauban (U/A 5)
Das Vauban-Wehr mit seinen 13 Schleusentürmen wurde vom Festungsbaumeister Ludwigs XIV., dem Marschall Vauban (1633–1707), als Teil eines Befestigungsgürtels gebaut, der Strasbourg uneinnehmbar machen sollte. Seit 1967 dient es als Panoramaterrasse, von der aus man über Petite France und das Münsterviertel blickt. *Place du Quartier Blanc, tgl. 9–20 Uhr, Juli, Aug. bis 22 Uhr, Eintritt frei*

SPAZIERGÄNGE UND RUNDFAHRTEN

Münsterviertel (U/C 3–4)
Ein Bummel rund ums Münster führt Sie in den ältesten Teil Straßburgs: Hier haben im Jahre 12 v. Chr. die Römer das Lager Argentoratum gegründet. Spuren aus der Römerzeit gibt es allerdings keine mehr. Dafür lassen mittelalterliche Fachwerkbauten die Betriebsamkeit ahnen, die damals rund ums Münster geherrscht hat. Die Namen der Gäßchen, heute teilweise Fußgängerzonen, verweisen auf die Handwerker und Händler, die hier ihrem Gewerbe nachgegangen sind: Krämer, Schuster, Goldschmiede, Zimmerleute. An ein dunkles Kapitel der Stadtgeschichte erinnert die *Rue Brûlée*: Im Jahre 1349 wurden bei einem Pogrom über 2000 Juden auf dem Scheiterhaufen verbrannt. Bis den Straßburger Juden durch die Französische Revolution die Bürgerrechte zurückgegeben wurden, mußten sie daraufhin jeden Abend durch die Rue des Juifs die Stadt verlassen. Daran erinnert noch heute die *Judenglocke*, die täglich um 22 Uhr vom Münster läutet.

Im 18. Jh. haben französische Architekten und Stadtplaner dem Münsterviertel ihren Stempel aufgedrückt. Beispiele dafür sind die geometrisch gezogene *Place Broglie* oder die Stadtpaläste in der *Rue Brûlée*, wo einst die Straßburger Elite ihr Domizil hatte. In einem dieser Renommierbauten *(Nr. 9)* ist heute das *Rathaus* untergebracht, in einem anderen *(Nr. 19)* der *Sitz des Präfekten*. Am Ende der Place Broglie liegt die *Oper*, und gleich danach führt eine Brücke über die Ill in die nach dem 1870er Krieg von den Deutschen erbaute *wilhelminische Neustadt*, der Strasbourg ein gewisses großstädtisches Gepräge verdankt. In dieser Zeit entstand beispielsweise die *Place de la République*, deren Kolossalbauten heute zum größten Teil Verwaltungsgebäude sind. Hier steht das beeindruckendste Denkmal der Stadt: Eine Mutter, die Strasbourg symbolisiert, hält ihre beiden im Ersten Weltkrieg gefallenen Söhne in den Armen – einer starb für Frankreich, einer für Deutschland.

Im Umkreis der *Place de la République* lebt heute ein Großteil der jüdischen Gemeinde Straßburgs, die mit rund 15 000 Mitgliedern eine der größten in Frankreich ist. 1958 wurde hier die große Synagoge der Stadt errichtet – das alte israelitische Gebetshaus war 1940 nach der Annexion des Elsaß durch die Nazis zerstört worden.

Petite France (U/A–B 4–5)
Ein Spaziergang, der zu jeder Strasbourg-Visite gehört, führt vom Münster über die Place Gutenberg zur Petite France, einem der ältesten Viertel der Stadt. Dieses Delta der Ill-Kanäle war früher das Viertel der Gerber, die in den Wasserläufen die Häute spülten. Heute zieht Petite France fast so viele Besucher an wie das Münster. Schlemmerlokale, Cafés, Weinstuben, Souvenir- und Antiquitätenläden reihen sich hier dicht aneinander. Aber trotz des Tourismusrummels hat das Viertel mit seinen verwinkelten Gassen und eng aneinandergedrängten Fachwerkbauten, mit seinen Brükken, Stegen und alten Mühlen einen ganz eigenen Charme bewahrt. An der *Place Benjamin Zix* stehen einige besonders gut erhaltene mittelalterliche Gerberhäuser mit ihren typischen, von zahlreichen Luken durchbrochenen Speicherdächern, unter denen die Häute getrocknet wurden. In der *Maison des Tanneurs* ist ein für seine Sauerkrautgerichte bekanntes Restaurant untergebracht. Der schöne Ill-Blick hat aber seinen Preis, und der Service läßt manchmal zu wünschen übrig *(42, Rue du Bain-aux-Plantes, Tel. 03 88 32 79 70, So und Mo geschl., Kategorie 1)*. Am *Quai de la Bruche* reiht sich eine Gasthausterrasse an die andere, bei schönem Wetter läßt es sich hier gut unter einer Platane am Ill-Ufer sitzen.

Radeln
Wer Strasbourg per Fahrrad entdecken will, kann sich eines mieten, pro Tag 30 FF, für einen halben Tag 20 FF *(Vélocation, nur im Sommer, neben dem Münster,* **U/C 4***)*. »Sprechende Fahrräder« mit Tonband-Stadtführer bei *Esca Tours (***U/A 5***, bei den Ponts Couverts, Tel. 03 88 22 59 19)*.

Rundfahrten
Sightseeing-Touren mit dem Minibus durch die Altstadt und das Gerberviertel dauern 40 Minuten und werden von April bis Oktober angeboten *(Abfahrt beim Rohan-Schloß, Preis: 29 FF, Kinder unter 12 Jahren 15 FF)*. Ebenfalls vom Rohan-Schloß aus können Sie die Stadt von ihren Wasserläufen aus entdecken. Die Tour mit dem Schiff dauert 75 Minuten und führt durch *Petite France* zum Europa-Viertel *(38 FF, Kinder 19,50 FF)*.

MUSEEN

Öffnungszeiten für alle Museen, wenn nicht anders angegeben: *Mo und Mi–Sa 10–12 und 13.30 bis 18 Uhr, So 10–17 Uhr, Eintritt zwischen 10 und 20 FF, Kinder und Jugendliche unter 15 frei*

Musée Alsacien (U/C 5)
Liebevoll eingerichtetes Museum für volkstümliche Kunst und

Brauchtum, untergebracht in drei malerischen Häusern aus dem 17. und 18. Jh. Es enthält Zeugnisse des bäuerlichen Lebens im Elsaß des 18. und 19. Jhs. Zwei Räume sind dem Pastor und Sozialreformer Johann-Friedrich Oberlin gewidmet, der im 18. Jh. im Steintal im Nordwesten des Elsaß wirkte. *23, Quai Saint-Nicolas*

Musée d'Art Moderne et Contemporain (U/A 4)

Am Rande des malerischen Viertels Petite France lädt das Ende 1998 eröffnete Museum für moderne Kunst zu einem Rundgang durch fast 130 Jahre künstlerischen Schaffens ein – von der Gründerzeit bis zur Gegenwart. Der avantgardistische Bau des Pariser Stararchitekten Adrien Fainsilber beherbergt Werke weltbekannter Maler wie Pablo Picasso, Gustav Klimt, Claude Monet, Max Ernst, Sonia Delaunay, Max Liebermann, Paul Gauguin oder auch des Videokünstlers Nam June Paik. Breiten Raum gibt er dem Dadaisten Jean Arp und dem Zeichner Gustave Doré, beide gebürtige Strasbourger. Die Museumscafeteria bietet neben schmackhaften Gerichten einen herrlichen Blick auf das Viertel Petite France. Wer dort essen will, braucht keine Eintrittskarte. *1, Rue Jean Arp, Di, Mi, Fr, Sa, So 11–19 Uhr, Do 12 bis 22 Uhr, Eintritt 30 FF, Kinder unter 15 Jahren frei*

Musées du Château des Rohan (U/C 4)

★ Im direkt an der Ill gelegenen ehemaligen Bischöflichen Palais aus dem 18. Jh. sind drei Museen untergebracht.

Das *Musée Archéologique* gibt einen umfassenden Überblick über elsässische Funde von der Steinzeit bis zur Zeit der Merowinger.

Das *Musée des Arts Décoratifs* (Kunstgewerbemuseum) besitzt eine wertvolle Fayencesammlung, vor allem aus der Manufaktur der Familie Hannong, die Strasbourg im 18. Jh. zu einem Zentrum für Fayenceherstellung gemacht hat. Außerdem zeigt das Museum Uhren, Musikinstrumente, Möbel und Kunstschmiedearbeiten aus dem 18. und 19. Jh.; zu besichtigen sind ferner die ehemaligen fürstbischöflichen Prunkräume, die einen Eindruck vom luxuriösen Lebensstil der vier Straßburger Kardinäle aus der Rohan-Familie vermitteln. Hier sind auch rund 350 Stücke der Spielzeugsammlung zu sehen, die Tomi Ungerer seiner Heimatstadt vermacht hat. Die gesamte, fast 7000 Spielzeuge umfassende Sammlung soll in absehbarer Zeit im früheren Musée de l'Art Moderne an der Place du Château untergebracht werden. Dort will die Stadt Straßburg für ihren

Schloß Rohan an der Ill beherbergt gleich drei Museen

berühmten Sohn ein Ungerer-Museum einrichten

Das *Musée des Beaux-Arts* (Museum der schönen Künste) enthält viele wertvolle Gemälde flämischer, holländischer, deutscher, französischer und italienischer Meister aus dem 14.–19. Jh. – unter anderem von Giotto, Fra Angelico, Raffael, Tintoretto, Greco, van Dyck, Goya, Rubens, Corot und Delacroix. Das berühmteste Werk des Museums ist die »Schöne Straßburgerin« (1703) von Nicolas de Largillière. *2, Place du Château, Eintritt je Museum 15 FF, alle drei 30 FF*

Musée Historique **(U/C 5)**
Das historische Museum in der ehemaligen *Grande Boucherie* (Schlachthof), einem prachtvollen Gebäude aus dem 16. Jh., informiert über die politische, wirtschaftliche und militärische Geschichte Straßburgs. Wegen Renovierung geschlossen. *3, Place de la Grande Boucherie*

Musée de l'Œuvre Notre-Dame **(U/C 4)**
Im Museum des Straßburger Münsters können Sie Originalstatuen des Münsters von nah betrachten. Sehenswert sind auch die Entwürfe für den Münsterbau von Baumeistern des Mittelalters. Außerdem sind in dem Komplex aus dem 14. bis 16. Jh. Werke von Martin Schongauer, Matthias Grünewald, Konrad Witz und Hans Baldung Grien untergebracht. *3, Place du Château, Di–Sa 10–12 und 13.30–18 Uhr, So 10–17 Uhr*

Centre Tomi Ungerer **(U/B 4)**
Im Mitte 1990 eröffneten Dokumentationszentrum Tomi Ungerer sind an die 7500 Zeichnungen, Plakate, Lithographien und Skulpturen sowie alle erschienenen Bücher des aus Strasbourg stammenden Künstlers aufbewahrt. *4, Rue de la Haute Montée, geöffnet Do oder nach Vereinbarung, Tel. 03 88 32 31 54, Eintritt frei*

Musée Zoologique **(U/E 4)**
Mit mehr als einer Million ausgestopften Vögeln, Säugetieren und Insekten eine der bestbestückten Sammlungen in Frankreich. *29, Boulevard de la Victoire*

RESTAURANTS

L'Alsace à Table **(U/B 4)**
Freunde von Fisch und Meeresfrüchten werden hier verwöhnt. *8, Rue des Francs-Bourgeois, Tel. 03 88 32 50 62, tgl., Kategorie 2*

La Bourse **(U/C 6)**
Stimmungsvolles Gasthaus, das deftige Hausmannskost und elsässischen Flammekueche in bester Qualität bietet. Vor allem an Wochenenden ein beliebtes Ziel für Familien und Studenten. *1, Place de Lattre-de-Tassigny, Tel. 03 88 36 40 53, Mo und Di geschl., Kategorie 2–3*

Buerehiesel **(O)**
Mitten im Stadtpark Orangerie liegt dieses Feinschmeckerrestaurant, das von den Schlemmerspezialisten des »Michelin« mit den begehrten drei Sternen ausgezeichnet wird. *4, Parc de l'Orangerie, Tel. 03 88 45 56 65, Di und Mi geschl., Luxuskategorie*

La Cambuse
Laut einem französischen Feinschmeckerführer das »beste Fischrestaurant östlich von

Paris«. *1, Rue des Dentelles, Tel. 03 88 22 10 22, So und Mo geschl., Kategorie 1*

Le Clou
Weinstube mit urig-gemütlicher Atmosphäre. Deftige elsässische Hausmannskost. *3, Rue du Chaudron, Tel. 03 88 32 11 67, Mi mittags und So geschl., Kategorie 2*

Au Crocodile **(U/B–C 4)**
Schon seit Jahren hält sich dieses Dreisternerestaurant in der Spitzenklasse. Nouvelle cuisine und eine besonders umfangreiche Weinkarte in elegantem Ambiente zu entsprechenden Preisen. *10, Rue de l'Outre, Tel. 03 88 32 13 02, So und Mo geschl., Luxuskategorie*

Esmée **(U/B 4)**
Kleines Restaurant mit familiärer Atmosphäre, das französische Küche in bester Qualität bietet. *11, Rue Sainte Hélène, Tel. 03 88 75 01 75, mittags tgl. geöffnet, Mo, Di, Mi abends geschl., Kategorie 2*

Julien **(U/C 5)**
Gepflegte Küche in angenehmer, intimer Atmosphäre. Besonders zu empfehlen sind die delikaten Fischgerichte. *22, Quai des Bateliers, Tel. 03 88 36 01 54, So und Mo geschl., Kategorie 1*

Brasserie Kirn **(U/B–C 4)**
Die Art-déco-Brasserie bietet typisch elsässische und klassische französische Küche. Sehr gut sind die Fleischgerichte. *6–8, Rue de l'Outre, Tel. 03 88 52 03 03, So abends geschl., Kategorie 2*

Le Oberjaegerhof **(O)**
Mitten im Stadtwald Forêt du Neuhof gelegen. Auf der Speisekarte stehen elsässische Gerichte wie *tarte flambée.* Bei schönem Wetter kann man im Freien sitzen und Federvieh in einer Voliere bewundern. *Route Oberjaegerhof, Tel. 03 88 39 63 84, Mo und Di geschl., Kategorie 3*

Le Pont des Vosges **(U/D 3)**
Eine typisch französische Brasserie im Gründerzeitstil mit einer Theke im großen Speisesaal. Es gibt schmackhafte Küche bis Mitternacht. *15, Quai Koch, Tel. 03 88 36 47 75, Sa mittags und So geschl., Kategorie 1–2*

Le Strissel **(U/C 5)**
Eine Institution unter den Straßburger Weinstuben mit jeder Menge Lokalkolorit und typisch elsässischen Gerichten. *5, Place de la Grande Boucherie, Tel. 03 88 32 14 73, So und Mo geschl., Kategorie 3*

À la Tête de Lard **(U/B 4)**
Hier gibt es schmackhafte Hausmannskost in gemütlicher Atmosphäre. *3, Rue Hannong, Tel. 03 88 32 13 56, Sa mittags und So geschl., Kategorie 2*

Chez Yvonne **(U/C 4)**
Seit Staatschef Jacques Chirac hier mit Helmut Kohl und dem russischen Präsidenten Boris Jelzin speiste, ist es die wohl berühmteste Weinstube im Elsaß. Ausgezeichnete Hausmannskost. *10, Rue du Sanglier, Tel. 03 88 32 84 15, Mo mittags und So geschl., Kategorie 2*

SNACKS

Preiswerte Selbstbedienungsrestaurants liegen an der *Place Kléber.*

Café Brant **(U/D–E 3)**
Stimmungsvolles Studentencafé gegenüber der Universität. *11, Place de l'Université*

Café Broglie **(U/C 4)**
Elegantes Café mit Terrasse. Beliebter Treffpunkt für Berufstätige und Schüler, wo man auch Kleinigkeiten essen kann. *1, Rue du Dôme*

EINKAUFEN

Antiquitäten
Im Viertel *Petite France* **(U/A–B 4–5)**, rund ums *Münster* **(U/C4)** und entlang der *Quais Finkwiller* **(U/B 5)**, *Saint-Nicolas* **(U/C 5)** und *des Bateliers* **(U/C–D 4)** befinden sich die meisten Antiquitätenläden.

Delikatessen **(U/B 4)**
Kirn ist ein Tempel für Feinschmecker mit günstigem Restaurant im 1. Stock. *19, Rue du 22 Novembre*

Design **(U/C 4)**
Objekte und Möbel junger Designer führt *Fou du Roi. 4, Rue Faisan*

Konditorei **(U/C 5)**
Bei *Gillmann* finden Sie feine hausgemachte Pralinen und köstliche Kuchen. *20, Quai des Bateliers*

Kunstdrucke
Lithografien mit den Zeichnungen des Karikaturisten Hansi finden Sie bei *L'Estampe, 31, Quai des Bateliers* **(U/C 5)**, und bei *Ganglof, Pl. de la Cathedrale* **(U/C 4)**.

Kunsthandwerk **(U/C 5)**
Arts et collections d'Alsace führt Kopien traditioneller elsässischer Kunsthandwerksobjekte. *18, Quai des Bateliers*

Märkte rund ums Münster
Bunter Flohmarkt ist *Mi und Sa von 9 bis 18 Uhr* an der *Pl. de la Grande Boucherie* **(U/C 5)**.

Gebrauchte Bücher – auch antiquarische – gibt es *Mi und Sa von 9 bis 18 Uhr an der Place und in der Rue Gutenberg* **(U/C 4)**.

Bauernmarkt ist *Sa von 9 bis 13 Uhr auf der Pl. Marché aux Poissons* **(U/C 4–5)**. Heimische Produzenten bieten Bestes aus der Region wie Stopfleber und Fleischpasteten.

Mode
Elegante Boutiquen finden Sie im *Münsterviertel* **(U/C 4)**, in der *Rue Sainte Madeleine* **(U/C–D 5)**, der *Rue des Grandes Arcades* **(U/B–C 4)** und der *Rue de la Mésange* **(U/C 4)**, junge Mode rund um die *Place Kléber* **(U/B 4)**. 130 Läden, Boutiquen sowie zwölf Restaurants und Cafés sind im *Einkaufszentrum* an der *Place des Halles* **(U/A–B 3)**, *Mo–Fr 9 bis 20 Uhr, Sa 9–19 Uhr.*

Wein **(U/C 5)**
Das Straßburger Krankenhaus besitzt einen der schönsten Weinkeller Europas. Unter Gewölben aus dem 14. Jh. lagern mehr als 30 000 Flaschen. *1, Place de l'Hôpital, Mo–Fr 8.30–12 und 13–17.30 Uhr*

HOTELS

Beaucour-Baumann **(U/C 5)**
Beim Münster in einem denkmalgeschützten Fachwerkkomplex. Moderne und ruhige Zimmer. *49 Zi., 5, Rue des Bouchers, Tel. 03 88 76 72 00, Fax 03 88 76 72 60, Kategorie 1*

C.I.A.R.U.S. **(U/C 3)**
Internationales Jugendzentrum, auch Einzelzimmer, einige davon behindertengerecht. Jüngst renoviert. *100 Zi., 7, Rue Finkmatt, Tel. 03 88 15 27 88, Fax 03 88 15 27 89, Kategorie 3*

Couvent du Franciscain **(U/B 3)**
Zimmer mit Telefon und Fernsehapparat, rollstuhlgerechte Eingänge. Nicht weit vom Zentrum. *43 Zi., 18, Rue du Faubourg de Pierre, Tel. 03 88 32 93 93, Fax 03 88 75 68 46, Kategorie 2*

Le Gutenberg **(U/B–C 4–5)**
Nur wenige Minuten vom Münster entfernt. Das Gebäude aus dem Jahre 1745 hat viel Charme. Schöne Zimmer. *50 Zi., 31, Rue des Serruriers, Tel. 03 88 32 17 15, Fax 03 88 75 76 67, Kategorie 2*

Régent Petite-France **(U/B 4–5)**
Das schönste Hotel, das in Strasbourg in den letzten Jahren eröffnet wurde. Es ist in einer unter Denkmalschutz stehenden ehemaligen Eisfabrik im Viertel Petite France zwischen zwei Ill-Armen untergebracht. Die avantgardistisch gestylten Zimmer, der erstklassige Empfang und die Aussicht über Petite France zum Münster haben ihren Preis. *63 Zi., 5, Rue des Moulins, Tel. 03 88 76 43 43, Fax 03 88 76 43 76, Luxuskategorie*

Les Rohan **(U/C 4)**
Traditionsreiches Haus mit behaglichen, eher kleinen Zimmern. Einwandfreier Service. Ideale Lage in der Fußgängerzone des Münsterviertels. *36 Zi., 17–19, Rue du Maroquin, Tel. 03 88 32 85 11, Fax 03 88 75 65 37, Kategorie 1*

Hotel Suisse **(U/C 4)**
Nah beim Münster liegt dieses kleine, gemütlich eingerichtete Hotel. Dazu gehört eine Winstub, wo man preiswert essen kann – bei schönem Wetter auf der Terrasse. *25 Zi., 2–4, Rue de la Râpe, Tel. 03 88 35 22 11, Fax 03 88 25 74 23, Kategorie 2*

AM ABEND

Veranstaltungstips in »Dernières Nouvelles d'Alsace« und im »Hebdoscope«.

Café des Anges **(U/D 4–5)**
Szenekneipe mit Jazzmusik. *42, Rue de la Krutenau, So geschl.*

Café de l'Opéra **(U/C 3)**
Barock eingerichtete Bar im Operngebäude. Beliebter Treffpunkt nachmittags und vor allem für Nachtschwärmer. *19, Opéra du Rhin, Place Broglie, tgl. 11 Uhr bis in die frühen Morgenstunden*

La Choucrouterie **(U/B 5)**
Kleines Regionaltheater des elsässischen Barden Roger Siffer in einer ehemaligen Sauerkrautfabrik. Hier treten vor allem Mundartkabarettisten auf. Nach der Vorstellung können Sie im dazugehörenden Restaurant Sauerkrautgerichte essen. *20, Rue Saint Louis, Tel. 03 88 36 07 28*

La Laiterie **(O)**
Kulturzentrum in einer ehemaligen Molkerei, unweit vom Bahnhof. Moderne Musik, Tanz und oft originelle Ausstellungen. *13, Rue Hohwald, Tel. 03 88 75 10 05*

La Salamandre **(U/D 4)**
Eine Mischung aus Musikkneipe, Kleinkunsttheater und

Diskothek. Live-Gruppen bieten Pop und Rap, Salsa und Reggae. Junges Publikum. *3, Rue Paul Janet, Di–So ab 21 Uhr*

AUSKUNFT

Office de Tourisme (U/C 4)
17, Place de la Cathédrale, 67000 Strasbourg, Tel. 03 88 52 28 28, Fax 03 88 52 28 29

Zweigstellen:
im Bahnhof, Tel. 03 88 32 51 49, und am Grenzübergang Kehl–Strasbourg (Europabrücke), Tel. 03 88 61 39 23

ZIELE IN DER UMGEBUNG

Donon (112/B 6)
Der Donon ist mit seinen 1008 Metern die höchste Erhebung der Nordvogesen. In gallisch-römischer Zeit war er ein bedeutendes Heiligtum, heute ist er ein beliebtes Ausflugsziel der Strasbourger. Sie erreichen ihn mit dem Wagen, nur das letzte kleine Stück müssen Sie zu Fuß gehen. Dann haben Sie von der Aussichtsplattform einen herrlichen Blick, der bei klarem Wetter über die Nordvogesen und auf die andere Rheinseite bis zum Schwarzwald reicht. Wer die Einsamkeit liebt, kann vom Donon aus über den Ort *Grandfontaine* einen Abstecher zum *Hochplateau des Salm* machen, wo im 18. Jh. Schweizer Mennoniten Zuflucht fanden. Einige ihrer ehemaligen Höfe sind heute zu *fermes auberges* umgewandelt, die hausgemachte Spezialitäten und teilweise einfache Zimmer bieten. In der *Auberge de Salm* liegt Material über das spartanische Leben der Mennoniten aus.

Mémorial National de la Déportation Struthof-Natzwiller (117/D 2)
Nicht weit vom Ausflugsberg Donon entfernt liegt bei Schirmeck der Struthof, das einzige Vernichtungslager, das die Nationalsozialisten auf französischem Boden errichtet haben. Über 40 000 Gefangene vieler Nationalitäten waren hier von 1941 bis 1944 interniert, etwa 12 000 von ihnen kamen im Lager ums Leben. Vier der ehemals 17 Baracken sind noch erhalten geblieben und können besichtigt werden, in einer davon ist das Krematorium untergebracht. *1. März–24. Dez. tgl. 10–11.30 und 14–16 Uhr, Eintritt 10 FF, Kinder frei (mit Führung)*

Odilienberg (Mont Sainte-Odile) (117/F 2)
Der nach der elsässischen Schutzpatronin benannte »Heilige Berg des Elsaß« ist ein beliebtes Ausflugs- und Pilgerziel. Bei klarem Wetter hat man einen schönen Blick über den Rheingraben. Auf dem 763 Meter hohen Berg befindet sich ein *Kloster*, das im Jahre 700 von der Tochter des Herzogs Eticho, Odilie, gegründet wurde. Zu dem noch heute von Ordensschwestern betriebenen Kloster gehören ein *Lokal*, dessen großen Speisesaal am Wochenende zahlreiche Spaziergänger füllen, sowie ein *Hotel* mit zumeist einfachen Zimmern *(142 Zi., Tel. 03 88 95 80 53, Kategorie 3)*.

Rund um den Odilienberg führt die etwa zehn Kilometer lange sogenannte Heidenmauer, über deren Ursprung und Zweck die Experten auch heute noch rätseln.

Mittelalterliche Städte und Kulturschätze

Das pittoreske Colmar und die Humanistenstadt Sélestat lohnen allein die Reise

Neben Strasbourg zählt das Zentralelsaß zu den sicheren touristischen Trümpfen der Region: Hier befindet sich in Sélestat die Wiege des Humanismus. Die kleine ehemalige Reichsstadt Kaysersberg, die sich ihren mittelalterlichen Charakter bewahrt hat, schlägt Besucherrekorde, und Colmar ist Inkarnation dessen, was man sich in Tokio, New York, Hamburg oder München als Inbegriff des typischen Elsaß vorstellt. Angetan hat es die Region vor allem den Japanern. Sony und Ricoh haben ihre Fabriken auf traumhaften Standorten vor dem Hintergrund der Vogesen erstellt, bei Colmar gibt es sogar ein japanisches Gymnasium, die Schule Seijo, und das 600-Seelen-Dorf Niedermorschwihr flimmerte in der zehnteiligen Fernsehserie »Der blaue Himmel des Elsaß« vor einem Millionenpublikum über japanische Mattscheiben. Geheimtips dürfen Sie also in diesem Kapitel nicht erwarten. Aber was wäre ein Elsaßbesuch ohne einen Bummel durch die traumhaft-romantische Altstadt Colmars? Und an dem Unterlindenmuseum mit Matthias Grünewalds Isenheimer Altar trauen sich, ohne zumindest einen Blick darauf zu werfen, nur Kulturbanausen vorbei, oder aber Leute, die sich ganz fest vorgenommen haben, diesen Urlaub ohne jeglichen Bildungsballast zu verbringen. Einen Nachteil hat die Ansammlung von Touristik-Highlights allerdings: Sie hat sich herumgesprochen, und man ist selten beim Bewundern allein.

Die Maison Pfister in der denkmalgeschützten Altstadt von Colmar

COLMAR

(122/A-B3) Pittoreske Straßenzüge und alte Zunftviertel, Renaissance- und Fachwerkhäuser, die sich aneinanderreihen, es fehlte nur noch, daß ein reichgekleideter Tuchhändler aus einer Seitengasse tritt: Man glaubt sich ins

MARCO POLO TIPS FÜR DAS ZENTRALELSASS

1 Petite Venise
Idyllisches Colmarer Stadtviertel am Fluß Lauch, das vorbildlich restauriert wurde (Seite 62)

2 Humanistische Bibliothek Sélestat
Wertvolle Schriftstücke aus dem frühen Mittelalter (Seite 68)

3 »Maria im Rosenhag« in Colmar
Zeitgenossen Schongauers priesen das berühmte Gemälde als »Deutsche Sixtina« (Seite 61)

4 Route des Crêtes
Traumhaft schöne Vogesenhöhenkammstraße von rund 75 Kilometer Länge mit vielen Aussichtspunkten (Seite 67)

5 Isenheimer Altar
Großartiges Werk des Mittelalters (1512–16) in Colmar, das auf Tafeln die Kreuzigung Christi und andere religiöse Szenen darstellt – mit einer Ausdruckskraft, der man sich kaum entziehen kann (Seite 64)

Mittelalter versetzt. Nicht umsonst erhielt Colmar für die gelungene Restaurierung seiner Altstadt eine europäische Medaille für Denkmalsschutz.

In der Hauptferienzeit und an Feiertagen wälzen sich denn auch die Touristenmassen durch den schönen Altstadtkern, der in einem Umkreis von 500 Metern um das Martinsmünster seine Schätze ausbreitet. Verlaufen kann man sich nicht, zahlreiche Wegweiser leiten den Ortsunkundigen zu den kulturellen Highlights eines Elsaßbesuches wie den Isenheimer Altar von Matthias Grünewald im Unterlindenmuseum oder die berühmte »Maria im Rosenhag« von Martin Schongauer in der Dominikanerkirche. Colmar beschränkt sich indes nicht nur auf die Erhaltung und Verwahrung seiner Kulturschätze, es kann auch namhafte Industriebetriebe vorweisen, die in den Bereichen Textil, Nahrungsmittel und Mechanik tätig sind – es gilt zudem als Hauptstadt des elsässischen Weines. Außerdem befindet sich hier das Verwaltungszentrum des Oberelsaß, sehr zum Leidwesen seiner größeren Rivalin Mulhouse.

Trotz mittlerweile 62 000 Einwohnern (Großraum 83 000) hat die Stadt den Charakter eines verschlafenen Dorfes beibehalten: Sind keine Touristen da, zieht Ruhe ein; dies macht sich insbesondere am Abend bemerkbar. Seine erste Blütezeit erlebte Colmar während der Staufer, 1226 wurde es von Stauferkaiser Friedrich II. zur freien Reichsstadt ernannt, erhielt das Münzrecht und später die eigene Gerichtsbarkeit. Vom wirtschaftlichen und kulturellen Aufschwung des späten Mittelalters und der Renaissance zeugt so manches reiche Bürgerhaus. Obwohl in der Nähe von Colmar am Ende des Zweiten Weltkrieges schwer gekämpft wurde, blieb der historische Kern so gut wie unversehrt und konnte glücklicherweise auch über den Fortschritts- und Betonenthusiasmus einiger Politiker der Nachkriegszeit gerettet werden.

BESICHTIGUNGEN

Ancien Corps de Garde

Von der 1575 erstellten Stadtwache wurden die Entscheidungen des Magistrats verkündet. *Place de la Cathédrale*

Église des Dominicains

Die frühgotische Kirche aus dem 14. Jh. war lange das geistige Zentrum Colmars. Ihre schlichte architektonische Gestaltung spiegelt den Armutsanspruch der Ordensgemeinschaft der Dominikaner wider. Im Altarschrein steht das berühmte Gemälde der ★ »Maria im Rosenhag« von Martin Schongauer. Bereits von seinen Zeitgenossen der Renaissance wurde das Werk als »Deutsche Sixtina« gepriesen. 1972 war es aus dem St. Martinsmünster gestohlen worden, wurde aber 1973 in Lyon wieder aufgefunden. Aus Sicherheitsgründen steht es seitdem in der Dominikanerkirche. Sehr schön sind auch die Buntglasfenster aus der Colmarer Schule über dem Portal. Ihre Motive sollen zum Teil dem »Hortus Deliciarum« der Herrad von Landsberg entlehnt sein. *Rue des Serruriers, Ostern–31. Dez. tgl. 10–13 und 15–18 Uhr, im Sommer teilweise 10–18 Uhr*

Koifhus

Größtes mittelalterliches Profangebäude Colmars aus dem Jahre 1480, ein behäbiger, alter Bau mit emailliertem Ziegeldach, der als Lager- und Verwaltungshaus diente. Im Erdgeschoß der »Ancienne Douane«, wie das Haus auch heißt, wurden im Mittelalter die Waren eingelagert. Im ersten Stock versammelten sich die Vertreter des elsässischen Städtebundes Dekapolis zu ihren großen Sitzungen, noch heute schmücken die Wappen der zehn Mitgliedsstädte die Fenster. Auf der *Place de l'Ancienne Douane*, auf der Rückseite des Koifhus, steht ein Werk des Colmarer Bildhauers Bartholdi aus dem Jahre 1897. Auf einem Brunnen schwenkt Lazarus von Schwendi, der ehemalige Vogt von Kaysersberg, Tokayer-Trauben; die Weinsorte soll er von einem Feldzug aus Ungarn mitgebracht und im Elsaß eingeführt haben – so will es zumindest der Volksmund. Von Mai bis November befinden sich neben der Ancienne Douane mehrere Stände, an denen man Nippes, Antiquitäten und alte Postkarten erstehen kann. *Place de l'Ancienne Douane*

Maison Adolphe

Das älteste Wohnhaus Colmars wurde 1350 erbaut und erhielt seinen Namen vom Besitzer. *Place de la Cathédrale*

Maison Pfister

Mit seiner bemalten Fassade und dem vorgelagerten Holzbalkon gehört es zu den herausragenden Patrizierhäusern der Altstadt. Das Gebäude wurde 1537 von einem Hutmacher erbaut, allerdings nach einer Familie be-

Fachwerkidyll: Petite Venise

nannt, die im 19.Jh. darin wohnte. Heute befindet sich im Erdgeschoß eine Weinhandlung. *Rue des Marchands*

Maison des Têtes
Rund hundert steinerne Masken schmücken die Renaissancefassade dieses prächtigen Hauses, des Kopfhauses, aus dem Jahre 1609. Ganz in der Nähe stößt man in der *Rue des Têtes* auf Ladenschilder, die den Patriotismus Colmars bezeugen – die Trikolore fehlt so gut wie nie. Beim Schlachter hütet ein Mädchen in elsässischer Tracht die Gänse mit einem blau-weiß-roten Rand auf ihrem schwarzen Hut, und beim Bäcker sind die Brezeln mit einer Trikolore festgebunden. *19, Rue des Têtes*

Palais de Justice
Klassizistischer Bau aus den Jahren 1765–71, hier wird in Colmar Recht gesprochen. *Place du Marché aux Fruits*

Petite Venise/Krutenau
★ Liebevoll restauriertes Bilderbuchviertel am Fluß Lauch mit fast ländlicher Atmosphäre. Den schönsten Blick auf das malerische Kleinvenedig hat man von der Brücke Pont Saint-Pierre.

Quai Poissonnerie
Früher haben die Fischer ihre frisch gefangene Beute hier in Reusen in der Lauch aufbewahrt. In den malerischen Schifferhäusern gibt es noch heute das eine oder andere Fischgeschäft, das von der Modernität nicht überrollt wurde. Ein Blick in den Innenhof lohnt sich.

Quartier des Tanneurs
Gerberviertel, das wegen seines heruntergekommenen Zustandes in den sechziger Jahren erst abgerissen werden sollte. Zum Glück besann man sich eines Besseren. Heute ist das Viertel Vorbild für gelungene Altstadtrestaurierung. *Östlich der Place de l'Ancienne Douane*

Saint-Martin
Colmarer Wahrzeichen mit buntem Ziegeldach, großartigem Südportal und großem Turm mit Renaissancehaube; der Rest des Martinsmünsters fiel wegen Geldmangel eher schlicht aus. Der Bau wurde zwischen 1237 und 1366 zum größten Teil aus nicht immer freiwilligen Spenden finanziert: So mußte bei einer Erbschaft das wertvollste Teil für die Kirche abgegeben werden. Aufgrund der langen Bauzeit finden sich verschiedene Stile. In der Kirche sieht man schöne Glasmalereien, die zum Teil aus dem 14.Jh. stammen. *Place de la Cathédrale*

MUSEEN

Espace André Malraux

In einer alten Sauerkrautfabrik in der Nähe des Rathauses hat Colmar ein kleines Museum für moderne Kunst eingerichtet (wechselnde Ausstellungen). *4, Rue Rapp, Di–Sa 14–19 Uhr, So 14–18 Uhr, Eintritt frei*

Musée Bartholdi

Das Museum befindet sich im Geburtshaus des Bildhauers Frédéric Auguste Bartholdi (1834 bis 1904). Das Erdgeschoß ist der Stadtgeschichte, der erste Stock dem Künstler gewidmet. Bartholdi, der vor allem aufgrund seines Patriotismus bekannt wurde und zahlreiche öffentliche Aufträge erhielt, hat sich mit zehn Brunnen und Standbildern im Colmarer Stadtbild verewigt. Sein bekanntestes Werk allerdings ist die New Yorker Freiheitsstatue. *30, Rue des Marchands, März–Dez. Mi–Mo 10–12 und 14–18 Uhr, Eintritt 20 FF, Kinder bis 12 Jahre frei*

Musée du Jouet et du Petit Train

Das Spielzeugmuseum ist aus einer Sammlung von 3000 Spielzeugen eines Elsässer Kunstmalers entstanden. In einem umgebauten Kino wird auf drei Etagen ein Drittel des Gesamtfundus gezeigt, wobei die ausgestellten Spielzeuge regelmäßig wechseln. Ein Schwerpunkt sind Modelleisenbahnen, die auf insgesamt 500 Meter langen Gleisen durch das Museum fahren.

Faszinierende Malerei: die Bilder des Isenheimer Altars (1512–16)

Manche Spielzeuge dürfen die Kinder auch ausprobieren, selbst wenn dann einmal etwas kaputtgeht. *40, Rue Vauban, Mi–Mo 10–12 Uhr und 14–18 Uhr, Juli/Aug. 10–18 Uhr, Eintritt 25 FF, Kinder 10 FF*

Musée d'Unterlinden
1849 wurde das wohl wichtigste Museum des Elsaß in dem ehemaligen Kloster der Colmarer Dominikanerinnen eingerichtet – im 14./15. Jh. ein bedeutendes Zentrum der oberrheinischen Mystik. Hier steht der berühmte ★ *Isenheimer Altar* von Matthias Grünewald. Geschaffen worden war er ursprünglich für das mächtige Antoniterkloster in Isenheim, 20 Kilometer südlich von Colmar. Zur Zeit Goethes hielt man Dürer für den Schöpfer des einmaligen Werkes. Der Flügelaltar zeigt in geschlossenem Zustand in der Mitte die Kreuzigung Christi und auf den Seitenteilen die Heiligen Antonius und Sebastian. Nach der ersten Öffnung erscheint in der Mitte die Geburt Christi, links die Verkündigung Marias und rechts die Auferstehung Christi. Die innersten Flügelgemälde schließlich zeigen die Versuchung des Antonius und sein Gespräch mit dem Einsiedler Paulus. Berühmt wurde das Werk wegen seiner Farbgebung und der fast surrealistischen Darstellungskraft.

Im Unterlindenmuseum gibt es weiter eine Sammlung oberrheinischer Malerei zu sehen, um die 100 Reproduktionen von Kupferstichen Martin Schongauers sowie Werke des Impressionismus bis zur abstrakten Moderne. Im Klosterkeller befindet sich eine archäologische Sammlung aus gallorömischer und merowingisch-fränkischer Zeit. *Rue Unterlinden, April–Okt. tgl. 9–18 Uhr, Nov.–März Mi–Mo 9–12 und 14–17 Uhr, Eintritt 32 FF, Kinder 22 FF, bis 12 Jahre frei*

RESTAURANTS

L'Auberge
Einfache Brasserie im *Terminus Bristol*, gegenüber vom Bahnhof, mit günstigen und guten Regionalgerichten. *Place de la Gare, Tel. 03 89 23 59 59, tgl., Kategorie 2–3*

Caveau Saint-Pierre
Rustikales, günstiges Restaurant direkt an der Lauch im Herzen der Petite Venise. *24, Rue de la Herse, Tel. 03 89 41 99 33, So abends und Mo geschl., Kategorie 3*

Le Chaudron
Charmantes Restaurant nahe der Petite Venise. *5, Place du Marché-aux-Fruits, Tel. 03 89 24 42 21, So geschl., Kategorie 2*

Au Cygne
Winstub mit jungem Publikum. Warme Küche bis spät in den Abend. *15, Rue Edouard Richard, Tel. 03 89 23 76 26, Sa mittags und So geschl., Kategorie 3*

Le Fer Rouge
Klassisch französisches Spitzenrestaurant in jahrhundertealtem Fachwerkhaus. *52, Grand' Rue, Tel. 03 89 41 37 24, So mittags und Mi mittags geschl., Luxuskategorie*

Rendez-vous de Chasse
Spitzenrestaurant, das sich wieder einen Michelin-Stern erkämpft hat. *Im Hotel Bristol, 7, Place de la Gare, Tel. 03 89 41 10 10, tgl., Luxuskategorie*

Unterlinden
Typische Winstub beim Unterlindenmuseum. *2, Rue Unterlinden, Tel. 03 89 41 18 73, So abends geschl., Kategorie 3*

EINKAUFEN

Mitten in der Altstadt befindet sich der Colmarer Spitzenbäkker *Léonard Helmstetter* *(11 bis 13, Rue des Serruriers)*, bei dem sich die großen Restaurants der Region mit Brot versorgen. Ein schöner Weinladen ist *La Sommelière* an der *Place de la Cathédrale*. Wer sich mit Wein gut auskennt, dem ist der Supermarkt *Cora* am Stadtrand zu empfehlen, der oft günstige Angebote an Spitzenweinen hat. Hervorragenden Käse kauft man bei Jacky Quesnot in der *Fromagerie Saint-Nicolas (18, Rue Saint-Nicolas)*. Naschkatzen begeistern sich für die Patisserie in der *Konditorei Jean (6, Place de l'École)*. Fisch gibt es am *Quai de la Poissonnerie* bei *Morel (Nr. 13)* oder *Wertz (Nr. 20)*.

HOTELS

Colbert
Ein modernes, kleines Hotel; schlichte Zimmer. *50 Zi., 2, Rue des Trois Épis, Tel. 03 89 41 31 05, Fax 03 89 23 66 75, Kategorie 2*

Colombier
Modernes Dreisternehotel mitten in der Petite Venise. Aufwendig restauriert in alten Fachwerkgebäuden. Ein Traum! *24 Zi., 7, Rue Turenne, Tel. 03 89 23 96 00, Fax 03 89 23 97 27, Kategorie 1*

Hagueneck
Sauberes und preisgünstiges Familienhotel an einer Ausfallstraße. In einer Viertelstunde ist man zu Fuß in der Stadt. *14 Zi., 83, Avenue du Général de Gaulle, Tel. 03 89 80 68 98, Fax 03 89 79 55 29, Kategorie 2*

Hotel Roi Soleil
Modernes Billighotel mit 24-Stunden-Zugang mit Kreditkarte. *94 Zi., Industriezone Colmar-Nord, Rue des Frères Lumière, Tel. 03 89 21 05 05, Fax 03 89 21 05 00, Kategorie 3*

Le Turenne
Praktisches Hotel am Südrand der Innenstadt nahe dem Krutenau-Viertel. *83 Zi., 10, Route de Bâle, Tel. 03 89 41 12 26, Fax 03 89 41 27 64, Kategorie 2*

AM ABEND

Die Colmarer Jugend trifft sich im Café ★ *Aux Dominicains (1, Rue Reiset)*. Ein weiterer Treffpunkt vor allem abends ist das *Rock Café (6, Rue des Trois Épis)*. Die Bar *Eden Café (17, Rue du Rempart)* wurde in einem alten Kino aus den vierziger Jahren eingerichtet. Die Wirtschaft *La Krutenau* liegt mitten im Viertel Klein-Venedig *(1, Rue de la Poissonnerie)*. Kulturveranstaltungen, vor allem Theateraufführungen und moderne Operninszenierungen, gibt es in der *Manufacture*, einer ehemaligen Tabakfabrik *(6, Route Ingersheim, Okt.–Mai, Tel. 03 89 41 71 92, Kartenreservierung: 03 89 24 31 78)*.

AUSKUNFT

Office de Tourisme
4, Rue Unterlinden, 68 000 Colmar, Tel. 03 89 20 68 92, Fax 03 89 41 34 13

ZIELE IN DER UMGEBUNG

Aux Armes de France **(121/E 2)**
Eine der besten elsässischen Gourmetadressen befindet sich in *Ammerschwihr*. Sehr gute Weinkarte. *68770 Ammerschwihr, 1, Grand'Rue, Mi und Do geschl., Tel. 03 89 47 10 12, Fax 03 89 47 38 12, Restaurant Luxuskategorie, Hotel (10 Zi.) Kategorie 2*

Kaysersberg **(121/E 2)**
Die ehemalige kleine Reichsstadt hat sich ihren mittelalterlichen Charakter bewahrt. Es gibt hier zahlreiche sehr schöne Häuser aus dem 15., 16. und 17. Jh., das älteste stammt von 1460 und steht in der Nähe der befestigten romanischen ★ Brücke über den Fluß Weiß. Die Brücke aus dem Jahr 1514 ist mit Brustwehr und Schießscharten bestückt und gilt als einzigartig im Elsaß. Von hier hat man einen sehr schönen Blick wie auch nach kurzem Aufstieg von der ★ *Ruine* einer Kaiserburg, die im Dreißigjährigen Krieg zerstört wurde. In der *Pfarrkirche Sainte-Croix* steht ein geschnitzter Hochaltar des Colmarer Meisters Hans Bongart; schön ist auch ihr romanisches Westportal. Sehenswert ist außerdem das *Renaissancerathaus* aus dem Jahre 1604. Berühmte Söhne von Kaysersberg sind Prediger Johannes Geiler, der Reformator Matthäus Zell und der Friedensnobelpreisträger Albert Schweitzer. Im Geburtshaus Schweitzers befindet sich heute ein *Museum (Mai–Okt. tgl. 9–12 und 14–18 Uhr, Eintritt 10 FF)*. Gut übernachten kann man in dem modernen Hotel *Les Remparts (38 Zi., 68240 Kaysersberg, 4, Rue de la Flieh, Tel. 03 89 47 12 12, Fax 03 89 47 37 24, Kategorie 2)*. Das Kaysersberger Spitzenrestaurant, gleichzeitig auch Hotel, heißt *Le Chambard (20 Zi., 9–13, Rue du Général-de-Gaulle, Di mittags und Mo geschl., Tel. 03 89 47 10 17, Fax 03 89 47 35 03, Luxuskategorie)*.

Münstertal **(121/D 4)**
Das zwanzig Kilometer lange Münstertal zählt zu den besonders schönen Tälern des Elsaß. Wo sich heute der Ort *Munster* befindet, stand im 7. Jh. eine Abtei, die ihren Namen dem Münsterkäse gegeben hat. Sie gehörte mehr als fünfhundert Jahre zu den bedeutenden geistigen und kulturellen Zentren Europas. Leider wurde der Großteil der Bausubstanz Munsters zerstört. Ein modernes Mittelklassehotel in Munster mit zahlreichen Sportangeboten, in dem man auch gut ißt, ist *Verte Vallée (107 Zi., 10, Rue Alfred Hartmann, tgl., 68140 Munster, Tel. 03 89 77 15 15, Fax 03 89 77 17 40, Kategorie 2)*. Gut und günstig ist die Winstub *La Schlitte (7, Rue de la République, Mo geschl., Tel. 03 89 77 50 35, Kategorie 3)*.

Neuf-Brisach **(122/C 4)**
Die guterhaltene, kleine Festungsstadt entstand von 1698 bis 1708 im Auftrag Ludwigs XIV. Vauban hatte sie als Bollwerk gegen das damals österreichische Breisach auf der anderen Seite des Rheins konzipiert. Die fünf Meter hohe und bis zu 4,50 Meter breite Mauer bildet ein Achteck und umschließt die streng geometrisch angelegten Straßenzüge. Um den Granit per Schiff aus den Vogesen zu holen, wurde ein Kanal gebaut. Von den

vier Stadttoren sind die sehenswerte *Porte de Colmar* und die *Porte de Belfort* erhalten; in letzterer befindet sich ein kleines *Museum*, in dem unter anderem ein schönes Modell von Neu-Breisach zu sehen ist *(April–Okt. Mi–Mo 10–12 und 14–17 Uhr, Eintritt 8 FF, Kinder 4 FF)*. Lohnend ist ein Spaziergang um die Festungsmauern.

Route des Crêtes **(120/C 1–B 6)**
★ Die 75 Kilometer lange Höhenkammstraße verläuft mit geringen Höhenunterschieden in der Nähe des Vogesenkamms. Gebaut wurde sie im Ersten Weltkrieg von der französischen Armee als Versorgungsstraße. Auf fast 1200 Meter Höhe fährt man von einem schönen Aussichtspunkt zum nächsten, zahlreiche einfache Berggasthöfe, die *fermes auberges*, laden zu einer Rast ein.

SÉLESTAT

(118/B 5) Auf den ersten Blick wirkt das 45 km südlich von Strasbourg zwischen Rhein und Vogesen gelegene Sélestat vielleicht nicht sehr einladend: Die Stadt hat nicht nur auf den Fremdenverkehr gesetzt, gut die Hälfte ihrer 15 000 Einwohner lebt von der Industrie (vor allem Textil- und Metallverarbeitung), und so wird der Ort im Norden und Süden von Industrie- und Gewerbegebieten flankiert. Doch davon sollten Sie sich nicht abschrecken lassen: Das erstmals im 8. Jh. als fränkische Königsburg urkundlich erwähnte Städtchen mit seinem noch weitgehend intakten historischen Stadtkern lohnt durchaus einen Besuch – zumal es eines der bedeutendsten Kulturgüter des Elsaß besitzt, die Humanistische Bibliothek. Diese Büchersammlung von unschätzbarem Wert zeugt von der Blütezeit des ehemaligen Schlettstadt, das im 15. und 16. Jh. ein Zentrum des geistigen Lebens war. Aus der berühmten Schlettstadter Lateinschule, wo bis zu 1000 Schüler aus ganz Europa studierten, gingen unter anderem die Humanisten Beatus Rhenanus und Erasmus von Rotterdam und der Reformator Martin Butzer hervor.

BESICHTIGUNGEN

Cour des Prélats
Der 1541 fertiggestellte Prälatenhof, einst Stadtresidenz der Benediktinermönche aus dem nahe gelegenen Ebersmünster, gilt als schönster Renaissancebau der Stadt. Beachtenswert der von Luken durchbrochene hohe Dachspeicher. Besonders malerisch ist die Rückseite an der Rue du Sel mit ihrer von einem kleinen Turm gekrönten Wendeltreppe. *Rue de l'Église/Rue du Sel*

Église Sainte-Foy
Die in der zweiten Hälfte des 12. Jhs. aus rosa Sandstein und grauem Granit errichtete romanische St.-Fides-Kirche besticht durch ihre perfekte Harmonie. Zu verdanken hat sie ihren bemerkenswert geschlossenen Baustil dem Umstand, daß sie in nur 15 Jahren errichtet wurde – für die damalige Zeit ein Rekord. Beachtung verdienen das schöne Portal sowie im Inneren die mit vielen Skulpturen – Fabelwesen und floralem Bildwerk – ver-

zierten Kapitelle. Die Krypta ist der Grabeskirche von Jerusalem nachempfunden. Von der ehemals reichen barocken Innenausstattung ist heute nur noch die Kanzel erhalten. Bei Renovierungsarbeiten wurden außerdem 1890 mehrere Stilfehler begangen – so erhielten die Türme damals moderne Spitzen. *Place du Marché Vert*

Église Saint-Georges
Die vom 13. bis 15. Jh. erbaute gotische Georgskirche steht auf Fundamenten einer Kapelle aus der Karolingerzeit. Ihr Schmuckstück sind die 1430 bis 1460 entstandenen Glasfenster mit Motiven aus Heiligenlegenden. *Place Saint-Georges*

Maison Billex
Das 1615 von Hans Billex fertiggestellte Gebäude ist ein besonders schönes Beispiel für eine elsässische Privatresidenz der Renaissance. Am 14. Oktober 1681 hat hier Ludwig XIV. anläßlich der Anbindung Strasbourgs an Frankreich die Kapitulation der Straßburger Stadtväter entgegengenommen. *Place du Marché-aux-Choux*

Maison Ziegler
Noch ein schönes Renaissancegebäude, 1545 vom damaligen Stadtarchitekten Étienne Ziegler fertiggestellt. Bemerkenswert ist das reichverzierte Balkongitter. *18, Rue Verdun*

Salle Sainte-Barbe
Das imposante, dreistöckige Gebäude mit schönem Stufengiebel wurde 1470 als Lagerhaus für den städtischen Zoll gebaut. Heute werden die großen Säle für Feste und Ausstellungen genutzt. *Place de la Victoire*

Tour de l'Horloge
Der Turm war ursprünglich eines der vier Tore der 1280 gebauten Stadtmauer. *Rue des Chevaliers/Rue du Président Poincaré*

Tour des Sorcières
Der 1216 als Teil der Stadtmauer errichtete Hexenturm war einer der damals 38 Stadttürme von Sélestat. Seine Obergeschosse wurden als Gefängnis für angebliche Hexen genutzt, die dort auf ihre Hinrichtung warteten. *Rue de la Grande Boucherie*

MUSEUM

Bibliothèque Humaniste
Die berühmte ★ Humanistische Bibliothek befindet sich in einer ehemaligen Kornhalle aus dem 19. Jh. In dem 36 Meter langen Lesesaal sind rund dreitausend Schriftstücke von unschätzbarem Wert aus dem 7. bis 16. Jh. aufbewahrt: 450 Manuskripte, 530 Wiegendrucke, auch Inkunabeln genannt, als der Buchdruck noch am Anfang stand, das heißt in der »Wiege« lag, und über zweitausend Frühdrucke. Im wesentlichen handelt es sich um zwei Sammlungen, die 1760 zusammengelegt wurden: die 1452 gegründete Bibliothek der Schlettstadter Lateinschule sowie die Sammlung des Humanisten Beatus Rhenanus, die dieser seiner Heimatstadt vermacht hatte. Die für die damalige Zeit riesige Privatbibliothek von rund 760 Bänden ist – eine Seltenheit – praktisch vollständig erhalten. Besonders schöne und wertvolle Stücke sind in Vitrinen zu be-

wundern – etwa ein Lesebuch aus dem Jahre 700 mit Auszügen aus der Heiligen Schrift, das Mirakelbuch der Heiligen Fides (um 1100), eine Bibel aus dem 13. Jh. auf Pergament. *1, Rue de la Bibliothèque, Mo und Mi–Fr 9–12 und 14–18 Uhr, Sa 9–12 Uhr, Juli und Aug. auch Sa und So 14–17 Uhr, Eintritt 20 FF, Kinder 6 FF*

RESTAURANTS

Auberge des Alliés
Serviert wird traditionelle elsässische Küche. Dazu gehört ein Hotel. *17 Zi., 39, Rue des Chevaliers, Tel. 03 88 92 09 34, Fax 03 88 92 12 88, So abends und Mo geschl., Kategorie 2*

Jean-Frédéric Edel
Gepflegtes Restaurant mit sehr guter Küche. *7, Rue des Serruriers, Tel. 03 88 92 86 55, Di und So abends sowie Mi geschl., Kategorie 1*

La Vieille Tour
Mitten im Zentrum gelegen, solide, bodenständige Küche. *8, Rue Jauge, Tel. 03 88 92 15 02, Mo geschl., Kategorie 2*

EINKAUFEN

Für Schleckermäuler ist die *Konditorei Sontag* mit ihrer reichen Auswahl an Torten und hausgemachten Pralinen zu empfehlen *(1, Rue du 17 Novembre)*. Traditionelle elsässische Backwaren wie Gugelhupf oder Zwiebelkuchen kauft man gut bei *Fonné (19, Rue de La Grande Boucherie)*. 4,5 Kilometer außerhalb von Sélestat in *Châtenois (Route de Villé)* finden Sie in der *Distillerie Legoll* eine Riesenauswahl an besten elsässischen Obstschnäpsen.

HOTELS

Abbaye de la Pommeraie
Die beste Adresse am Ort. Stilvolle Zimmer, Feinschmeckerrestaurant, Weinstube. *14 Zi., 8, Avenue du Maréchal Foch, Tel. 03 88 92 07 84, Fax 03 88 92 08 71, Restaurant So abends geschl., Luxuskategorie*

Hotel Vaillant
Modernes Hotel am Rande des alten Stadtkerns. *47 Zi., Place de la République, Tel. 03 88 92 09 46, Fax 03 88 82 95 01, Kategorie 2*

AM ABEND

An lauen Sommerabenden sind die Terrassencafés der *Rue Poincaré* ein beliebter Treffpunkt.

AUSKUNFT

Office de Tourisme
10, Boulevard Général-Leclerc, 67600 Sélestat, Tel. 03 88 58 87 20, Fax 03 88 92 88 63

ZIELE IN DER UMGEBUNG

Auberge de l'Ill **(118/B 6)**
In *Illhaeusern* betreibt die Familie Haeberlin das berühmteste Feinschmeckerrestaurant des Elsaß. Reservierung lange im voraus unerläßlich. *Tel. 03 89 71 89 00, Fax 03 89 71 82 83, Mo und Di geschl., Luxuskategorie*

Ebersmunster **(118/B 4)**
In Ebersmunster befindet sich die bedeutendste und schönste Barockkirche des Elsaß. Mit ihrer Silbermann-Orgel aus dem Jahre 1732 ist die Kirche regelmäßig reizvoller Rahmen für klangvolle Orgelkonzerte.

Storchenzucht und Ritterburg

Geraniengeschmückte Fachwerkdörfer zeigen das Elsaß von seiner Bilderbuchseite

An der Weinstraße, die sich zwischen Marlenheim im Norden und Thann im Süden auf 120 Kilometern am Osthang der Vogesen entlangschlängelt, präsentiert sich das Elsaß so, wie man es von Bildbänden und Postkarten her kennt: Ein Fachwerkidyll reiht sich ans andere, die blitzsauber herausgeputzten Dörfer wetteifern miteinander mit ihrem üppigen Geranienschmuck. Soviel Bilderbuchromantik zieht natürlich auch entsprechende Mengen von Touristen an, und so sind die Orte an der Weinstraße ganz auf den Fremdenverkehr eingestellt: Allenthalben fordern Tafeln mit der Aufschrift »Dégustation« zur Weinprobe auf, in den Gasthäusern kann man zum Wein aus der Region deftige Hausmannskost probieren, Hotels und Gästezimmer laden zum Bleiben ein. Vor allem an Sonn- und Feiertagen ist die Weinstraße denn auch entsprechend überfüllt – erholsamer ist eine Fahrt entlang der romantischen Strecke allemal während der Woche. Unter den vielen Orten greifen wir einige besonders malerische heraus.

Imposant: die Hochkönigsburg

SEHENSWERTE ORTE

Andlau **(118/A 3)**
Der kleine Ort am Fuß des Ungersbergs ist um ein ehemaliges Benediktinerkloster herum entstanden, von dem heute nur noch die im 11. Jh. erbaute romanische *Kirche* erhalten ist. Besonders sehenswert ist ein 30 Meter langer Skulpturenfries an der Westfassade. Im Inneren erinnert die romanische Skulptur eines Bären an die Legende, wonach eine Bärin der Gemahlin Kaiser Karls des Dicken, Richardis, die Stelle gezeigt haben soll, an der diese 880 das Kloster gründete. Im Norden wird Andlau von zwei Ruinen – *Spesbourg* und *Andlau* – überragt, die man vom Ort aus in gut einer Stunde oder vom Parkplatz an der *Maison Forestière* (Forsthaus) aus in zehn Minuten zu Fuß erreicht. Im Forsthaus kann man essen – wenn das Wetter es zuläßt auch auf der Terrasse.

MARCO POLO TIPS FÜR DIE WEINSTRASSE

1 Musée de la Folie Marco
Dieses Museum in Barr gibt einen Eindruck von der großbürgerlichen Wohnkultur im Elsaß des 18. Jhs. (Seite 72)

2 Chapelle de Saint-Sébastien
Ein schöner Spaziergang durch die Weinberge führt zu dieser Kapelle mit sehenswertem Barockaltar (Seite 72)

3 Turckheim
Einer der malerischsten Orte an der Weinstraße (Seite 77)

4 Weindorf Zellenberg
Nur wenige Autominuten vom hektischen Riquewihr entfernt liegt dieses ruhige Winzerdörfchen, wo man gut ausspannen und sich vom Trubel der Weinstraße erholen kann (Seite 77)

Barr (118/A–B 2)
Die stattlichen Winzerhäuser mit ihren malerischen Innenhöfen lassen ahnen, daß Weinanbau hier besonders lohnt: Mit dem Kirchberg kann Barr eine der besten Lagen des Elsaß vorweisen. Das ★ *Musée de la Folie Marco*, benannt nach dem früheren Besitzer, nahe dem Rathaus zeigt die großbürgerliche Wohnkultur des 18. Jhs. *Juli–Sept. Mi–Mo 10–12 und 14–18 Uhr, Juni und Okt. Sa und So 10–12 und 14–17 Uhr, Eintritt 15 FF, Kinder 5 FF*

Dambach-la-Ville (118/A 4)
Das stark vom 16. und 17. Jh. geprägte Dambach-la-Ville hat sein historisches Stadtbild weitgehend erhalten können und wurde wiederholt für seinen besonders üppigen Blumenschmuck ausgezeichnet. Den Charme des am größten Weinberg des Elsaß (470 Hektar) gelegenen Städtchens entdeckt man am besten bei einem Spaziergang um die noch gut erhaltene, von Gräben gesäumte Stadtmauer mit ihren drei Toren. Sehenswert sind auch das *Rathaus* aus dem Jahre 1547 und auf dem Marktplatz ein *Renaissancebrunnen* mit einem steinernen Bären, dem Symbol der Stadt.

Von Dambach-la-Ville führt ein viertelstündiger Spaziergang durch die Weinberge zu der mitten im Rebland gelegenen, sehenswerten ★ *Chapelle de Saint-Sébastien* (Sebastianskapelle). Im Innern der Kirche befinden sich ein besonders schöner, reich geschnitzter Barockaltar sowie eine Marienstatue aus dem 15. Jh., die der Schule von Tilman Riemenschneider zugeschrieben wird. Zwei Kilometer westlich der Stadt liegt auf einem 662 Meter hohen Felsen die ⁂ *Burgruine Bernstein* aus dem 11. Jh. mit dem ältesten freistehenden

Wehrturm des Elsaß. Der einstündige Aufstieg wird mit einem herrlichen Blick ins Rheintal und über die Weinstraße belohnt.

Haut-Kœnigsbourg **(117/E 5)**

Die 757 Meter hoch auf einem Felsen thronende, weithin sichtbare Hochkönigsburg ist wahrscheinlich das beliebteste Ausflugsziel im Elsaß. Bereits im 12. Jh. hatten die Staufer hier eine Burg errichtet, die im Laufe der Jahrhunderte mehrmals durch Kriege und Brände zerstört wurde und schließlich verfiel. 1865 kaufte die Stadt Sélestat die Ruine und schenkte sie, da die Mittel zur Renovierung fehlten, dem deutschen Kaiser Wilhelm II. Dieser ließ die Ruine so wieder aufbauen, wie man sich in der damaligen Zeit eine mittelalterliche Ritterburg vorstellte – gegen den erklärten Willen von Archäologen und Historikern. Das Ergebnis ist eines der umstrittensten Baudenkmäler des Elsaß, von seinen Kritikern als neomittelalterlicher Kitsch oder »preußisches Disneyland« verspottet. Vor allem mit Kindern, die sich für Ritter begeistern, lohnt sich dennoch ein Abstecher zu der Bilderbuchfestung mit dreifacher Rundmauer, Wachtürmen und Gräben, zumal die Inneneinrichtung – schöne alte Möbel und Kachelöfen – durchaus sehenswert ist. Außerdem hat man von da oben einen imposanten Blick, bei schönem Wetter bis zu den Berner Alpen. *März, April, Okt. tgl. 9–12 und 13–17.30 Uhr, Mai, Juni, Sept. 9–18 Uhr, Juli und Aug. 9–18.30 Uhr, Nov.–Feb. 9.30–12 und 13–16.30 Uhr, Eintritt 40 FF, Kinder 25 FF*

Am Fuße der Hochkönigsburg gibt es noch zwei andere Touristenattraktionen: den *Affenberg Montagne des Singes (April und Okt. tgl. 10–12 und 13–17 Uhr, Mai, Juni, Sept. 10–12 und 13–18 Uhr, Juli und Aug. 10–18 Uhr, 1.–11. Nov. Mi, Sa, So 10–12 und 13–17 Uhr, Eintritt 40 FF, Kinder 25 FF)*, wo rund 300 Berberaffen in einem 20 Hektar großen Waldgebiet in freilandähnlichen Verhältnissen leben, und die *Volerie des Aigles*, wo Raubvogeldressuren vorgeführt werden *(April, Mai, Sept., Okt. tgl. 14–16 Uhr, Juni–Aug. 14–17 Uhr, Mitte Juli–Mitte Aug. außerdem 10–11.15 Uhr, Nov. Mi, Sa und So 14–16 Uhr, Eintritt 45 FF, Kinder 30 FF)*.

Hunawihr **(121/E 1)**

Nahe Riquewihr befindet sich das Zentrum zur Wiederansiedlung der Störche im Elsaß. Die Stelzvögel werden hier etwa zwei Jahre lang in Volieren gehalten und erst freigelassen, wenn sie den Zuginstinkt verloren ha-

Der Weißstorch ist das elsässische Symboltier

ben. Dank des Wiederansiedlungsprogramms leben im Elsaß jetzt wieder an die 100 Storchenpaare in Freiheit. Vor 20 Jahren war das elsässische Symboltier in der Region praktisch ausgestorben. Im *Storchenpark* gibt es noch viele andere Vogelarten. Außerdem wird nachmittags eine Show mit Pinguinen, Fischottern, Kormoranen und Seelöwen gezeigt, die besonders Kinder begeistert *(Parc des Cigognes, April, Mai, Sept.–11. Nov. Mo–Fr 10–12 und 14–17.30 Uhr, Sa und So 10–17.30 Uhr, Juni–Aug. tgl. 10–17.30 Uhr, Eintritt 45 FF, Kinder 30 FF*

Marlenheim **(113/F 4)**
Ein Besuch lohnt sich vor allem am 15. August zum *Fest des Ami Fritz*, bei dem die Geschichte der im gleichnamigen Roman beschriebenen Hochzeit aufgeführt wird. Außerdem hat Marlenheim einen Feinschmeckertempel zu bieten, den Familienbetrieb *Le Cerf.* Zum Restaurant gehört ein Hotel mit 14 stilvollen Zimmern und zwei Apartments *(67520 Marlenheim, 30, Rue du Général de Gaulle, Tel. 03 88 87 73 73, Fax 03 88 87 68 08, Di und Mi geschl., Restaurant Luxuskategorie, Hotel Kategorie 1).*

Molsheim **(113/F 5)**
Sehenswert ist der schöne, dreieckige *Rathausplatz* mit einem *Renaissancebrunnen* und *La Metzig*, dem ehemaligen Sitz der reichen Fleischerinnung. Heute beherbergt der Prachtbau ein beliebtes Restaurant *(La Metzig, Tel. 03 88 38 26 24, Di abends und Mi geschl., Kategorie 2–3).* In den winkeligen Gassen gibt es noch andere guterhaltene Bauten aus der Renaissance, der Blütezeit des Städtchens (7000 Ew.), das Ende des 16. Jhs. ein Zentrum der Gegenreformation und Sitz der katholischen Fakultät war.

Das reichgeschmückte Zunftgebäude der Molsheimer Metzger von 1554 steht am Rathausplatz

Drei Kilometer von Molsheim entfernt steht bei *Avolsheim* auf einem Feld die angeblich älteste Kirche des Elsaß, die 1049 geweihte romanische Basilika *Dompeter (St-Pierre).*

Niedermorschwihr **(121/E 3)**
Das Postkartenidyll des malerischen Dorfes bildete vor einigen Jahren den Hintergrund für eine japanische Fernsehserie. *Christine Ferber (18, Rue des Trois Épis)* wurde 1998 zur französischen »Marmeladenkönigin« gekürt. Ausgezeichnet sind auch ihre Kuchen und Torten. Zum Essen und Schlafen empfiehlt sich das Hotelrestaurant *L'Ange (20 Zi., 68230 Niedermorschwihr, 125, Rue des Trois Épis, Tel. 03 89 27 05 73, Fax 03 89 27 01 44, Restaurant Mi geschl., Kategorie 1).*

Obernai **(118/B 1–2)**
Das Städtchen (9000 Ew.) mit seinem guterhaltenen mittelal-

terlichen Stadtkern gehört zu den beliebtesten Orten der Weinstraße. Sehenswert sind das *Rathaus*, das Elemente der Gotik und der Renaissance in sich vereint, sowie die alten *Gerberhäuser* in der *Rue du Marché*. Volkstümlich geht es in der Weinstube *L'Agneau d'Or* zu, die herzhafte Regionalküche und jede Menge Atmosphäre bietet *(99, Rue du Général Gouraud, Tel. 03 88 95 28 22, Mo geschl., Kategorie 2)*. Zu dem besonders charmanten Hotel *Cour d'Alsace* gehören ein gepflegtes Restaurant und eine gemütliche Winstub *(43 Zi., 67210 Obernai, 3, Rue de Gail, Tel. 03 88 95 07 00, Fax 03 88 95 19 21, Restaurant So abends und Mo geschl., Kategorie 1)*.

Riquewihr **(121/E 1)**
Die »Perle der Weinstraße«, wie Riquewihr sich gerne nennt, kultiviert seit einem Jahrhundert nicht nur ihre Weinberge, sondern auch den Fremdenverkehr – mit Erfolg: Der Ort ist eine der Hauptattraktionen des Elsaß, besonders an Sonn- und Feiertagen herrscht hier ein geradezu beängstigender Rummel. In der Hauptstraße finden sich gleich mehrere Prachtbauten der elsässischen Renaissance, darunter das höchste Fachwerkhaus der Region (Nr. 14). Doch der Glanz trügt: Hinter den schönen Fassaden bröckelt der Putz, und immer mehr Bewohner – derzeit sind es noch rund tausend – verlassen die Museumsstadt, die außerhalb der Saison entsprechend menschenleer ist. Gerade dann kann man ihren Charme entdecken, am besten beim Bummel auch durch die Nebenstraßen mit alten Portalen und Hinterhöfen. In der *Rue des Juifs*, dem früheren Judenghetto, kann man den *Diebesturm* mit Folterkammer und Verliesen besichtigen. Im 25 Meter hohen Dolderturm aus dem Jahre 1291 ist ein kleines *Heimatmuseum* untergebracht *(Juli und Aug. tgl. 9.15 bis 12 und 13.30–18.15 Uhr, Mitte April–Juni und Sept.–Mitte Okt.*

Riquewihr: ein autofreies Museumsstädtchen inmitten von Weinbergen

nur Sa, So, Eintritt 10 FF, Kinder bis 10 Jahre frei). Durch den Dolder gelangt man zum Obertor von 1500.

In einem früheren Schloß, gleich am Haupteingang zur Altstadt, sind im *Músee de la Poste* historische Postkutschen zu sehen *(April–Mitte Nov. Mi–Mo 10–12 und 14–18 Uhr, Eintritt 30 FF, Kinder 12 FF).*

Nahebei zeigt die *Maison de Hansi* Zeichnungen des elsässischen Karikaturisten *(April–Dez. Di–So 10–18 Uhr, Mo 14–18 Uhr, Eintritt 10 FF, Kinder frei).* Das gesamte Stadtgebiet ist Fußgängerzone, vor der Innenstadt gibt es ausreichend Parkplätze. Eine Feinschmeckeradresse ist *Le Schœnenbourg (2, Rue de la Piscine, Tel. 03 89 47 92 28, Do mittags und Mi geschl., Kategorie 1).*

Auskunft: Office du Tourisme, 2, Rue de la 1ière Armée, Tel. 03 89 49 08 40, Fax 03 89 49 08 49

Rosheim (118/B 1)

Das schön in den Hügeln der Vogesenausläufer gelegene Rosheim (3500 Ew.), eine der ältesten elsässischen Städte, hat viel von seinem stillen Charme bewahrt. Hier steht das angeblich älteste Privathaus des Elsaß, das um 1200 gebaute romanische *Heidenhaus.* Die im 12. Jh. errichtete *Kirche Saint-Pierre et Saint-Paul* ist eines der besonders schönen romanischen Gotteshäuser im Elsaß. Eine *Synagoge* aus dem Jahre 1882 erinnert an die einst bedeutende jüdische Gemeinde der Stadt. Zur Reformationszeit lebte hier Josel von Rosheim, der gegenüber Kaisern, Bischöfen und Reformatoren (er korrespondierte auch mit Luther) als Anwalt der deutschsprachigen Juden für die Rechte seiner Glaubensbrüder kämpfte.

Die romanische Peter-und-Pauls-Kirche in Rosheim

Saint-Hippolyte (117/F 5)

Die Stadtmauer aus dem 14. und 15. Jh. schließt noch heute den größten Teil des historischen Kerns dieses besonders hübschen Winzerortes ein – auch wenn im Laufe der Jahre die beiden Stadttore und fünf der ehemals sechs Türme zerstört wurden. Nur der *Storchenturm* hat die Zeit überstanden. Um die Stadtmauer führt ein Spazierweg, im Inneren laufen drei Straßen mit blumengeschmückten Häusern aus der Renaissance und dem Barock zum zentralen Dorfplatz mit Rathaus und schönem Brunnen aus dem Jahre 1555. In der Umgebung des Ortes lassen sich gut Spaziergänge und Wanderungen unternehmen. Das Hotelrestaurant *Aux Ducs de Lorraine* bietet eine vorzügliche Küche, zum Beispiel Ente mit Sauerkirschen. Das Hotel bietet Dreisternekomfort und erfüllt auch gehobene Ansprüche *(38 Zi., 68590 Saint-Hippolyte, 16, Route du Vin, Tel. 03 89 73 00 09, Fax 03 89 73 05 46, Restaurant Fr mittags und Mo, im Winter auch So abends geschl., Kategorie 1–2, Hotel Kategorie 1).*

Turckheim **(121/E 3)**
★ Das am Eingang des Münstertals an der Fecht gelegene Städtchen Turckheim (3500 Ew.) ist ein besonders schöner Ort. Der weitgehend intakte alte Stadtkern hat den Grundriß eines Dreiecks, durch drei Stadttore gelangt man ins Zentrum. Viele stattliche Gebäude zeugen von der Blütezeit des Städtchens im 15. und 16. Jh., die Turckheim vor allem der ausgezeichneten Qualität seiner Weine zu verdanken hatte. Auch heute zählen die Turckheimer Weine zu den besten im Elsaß. Ein *Weinlehrpfad* führt in etwa zwei Stunden durch das umliegende Rebland *(Ausgangspunkt Place de la République).* Als besondere Attraktion geht im Sommer um Punkt 22 Uhr ein Nachtwächter durch das dann dekorativ angestrahlte Städtchen und fordert die Bürger auf, sich zur Ruhe zu begeben. Gut essen und trinken kann man im Restaurant *Homme Sauvage (19, Grand'Rue, Tel. 03 89 27 56 15, Di abends und Mi, im Winter auch So abends geschl., Kategorie 2).*

Zellenberg **(121/F 1)**
★ Abseits vom Touristenrummel, nahe dem belebten Riquewihr, liegt das hübsche Weindorf mit einer schönen *Barockkirche* auf dem Dorfplatz. Der Ort hat auch ein kleines, komfortables Hotel zu bieten, das Hotelrestaurant *Caveau du Schlossberg (9 Zi., 68340 Zellenberg, 59 a, Rue de la Fontaine, Tel. 03 89 49 00 89, Fax 03 89 47 82 40, Restaurant tgl. geöffnet, Kategorie 2, Hotel Kategorie 1).*

AUSKUNFT

Ein Verzeichnis der Winzer, das auch Auskunft über die Weinlese gibt, ist erhältlich bei:

Maison des Vins d'Alsace
12, Avenue de la Foire aux Vins, 68000 Colmar, Tel. 03 89 20 16 20, Fax 03 89 20 16 30

Im alten Kern von Turckheim steht der Stockbrunnen mit einer Mariensäule

P

Sanfte Hügel, Museums-Highlights und Vogesengipfel

Trotz seiner Reize ist das südliche Elsaß noch nicht allzusehr überlaufen

Der südliche Teil des Elsaß liegt etwas abseits von den großen Touristenströmen, dabei haben auch der Sundgau, der elsässische Jura oder die Südvogesen durchaus ihre Reize. Der Sundgau mit seinen sanften Hügeln und den vielen kleinen Straßen bietet sich zum Radfahren an. Mulhouse ist mit seinem reichen Angebot an technischen Museen Geheimtip für Tage, an denen Petrus im ansonsten regenarmen Elsaß die Schleusen öffnet.

In den Südvogesen laden zahlreiche Wanderwege ein, das Auto stehenzulassen. Auf den Kämmen häufen sich die Aussichtspunkte auf die Rheinebene, den Schwarzwald und die Alpen.

GUEBWILLER

(125/E1) Guebwiller (12 000 Ew.) liegt am Anfang des Florivals, des Blumentales. Die Weinreben wachsen hier bis an die Straße hinunter. Lebte das Städtchen bis zum 18. Jh. hauptsächlich vom Weinbau, gesellten sich danach die Maschinen- und Textilindustrie hinzu. Bei einem Bummel durch die Stadt stößt man in der *Rue de la République* auf mehrere mittelalterliche Häuser, darunter befindet sich mit der Nummer 73 das 1514 erbaute Rathaus, ehemals Wohnhaus eines reichen Tuchhändlers.

Schönste elsässische Romanik: die Klosterkirche Murbach

BESICHTIGUNG

Église des Dominicains
In der Region ist diese Dominikanerkirche neben der in Colmar die bedeutendste des Elsaß. Sie ist vor allem aufgrund ihrer außergewöhnlichen Akustik bekannt. Gottesdienste werden nicht mehr abgehalten, aber im Sommer finden hier in stimmungsvollem Rahmen ★ Klassikkonzerte statt. Zudem entsteht zur Zeit ein großes Zentrum für Musik und Fresken, ein schöner Jazzkeller ist bereits fertiggestellt.

MUSEUM

Musée du Florival
Neben archäologischen und volkskundlichen Sammlungen der Region werden Werke des berühmten Keramikers Théodore Deck (1823–1891) gezeigt. Besonders schön anzusehen ist eine große, farbenprächtige Kachelwand, die beim Umbau einer ehemaligen Industriellenvilla entdeckt und im Museum installiert wurde. *1, Rue du 4 Février, Mo und Mi–Fr 14–18 Uhr, Sa und So 10–12 und 14–18 Uhr, Eintritt 15 FF, Kinder 10 FF*

RESTAURANTS

Lac
Gutbürgerliche französische Küche mit freundlicher Bedienung. *244, Rue de la République, Tel. 03 89 76 63 10, Mo geschl., Kategorie 2*

La Taverne du Vigneron
Regionale Küche in rustikaler Winstub-Atmosphäre im Herzen von Guebwiller. *7, Place Saint-Léger, Tel. 03 89 76 81 89, Mo geschl., Kategorie 3*

EINKAUFEN

Christmann
Spitzenkonditor von Guebwiller, der auch über den Ort hinaus bekannt ist. *8, Place de l'Hôtel de Ville*

Domaine Schlumberger
Das größte private zusammenhängende Weinbaugebiet des Elsaß. Der traditionsreiche Familienbetrieb hat sich auf Spitzenweine konzentriert und setzt auf Qualität statt Quantität. *100, Rue Théodore Deck*

HOTEL

Relais du Lac
Gutes Mittelklassehotel am Stadtrand. *34 Zi., 244, Rue de la République, Tel. 03 89 76 97 17, Fax 03 89 74 24 84, Kategorie 2*

AUSKUNFT

Office de Tourisme
73, Rue de la République, 68500 Guebwiller, Tel. 03 89 76 10 63, Fax 03 89 76 52 72

ZIELE IN DER UMGEBUNG

Bussang **(124/A 1)**
Seit 1895 wird im Vogesendorf Bussang Theater gespielt. Damals hatte der Fabrikantensohn und Schriftsteller Maurice Potecher das erste freie Theater Frankreichs außerhalb von Paris ins Leben gerufen. Als Zuschauer, Schauspieler, Handwerker und Schneider nahm das ganze Dorf an dem Projekt Volkstheater teil. Noch heute kann man die Wand hinter der Bühne aufschieben. Wenn sich im Hintergrund der Bühne der Vogesenwald abzeichnet, wird auch dem letzten Zuschauer klar, daß er sich nicht in einem herkömmlichen Theater befindet.

Le Grand Ballon **(125/D 1)**
★ Höchster Vogesengipfel (1424 m) mit großartigem Blick. Vor allem im Herbst und Winter kann man bisweilen bis zu den Alpen sehen. Von der Straße läuft man zirka zwanzig Minuten auf den Gipfel. Wer auf den Höhen der Vogesen übernachten möchte, kann dies in dem vom Vogesenclub restaurierten, 75 Jahre alten *Chalet-Hôtel du Grand Ballon.*

Neben Mehrbettzimmern für Wanderer gibt es auch neun Zimmer mit Dusche und WC *(25 Zi., Le Grand Ballon, 68760 Willer-sur-Thur, Tel. 03 89 48 77 99, Fax 03 89 62 78 08, Kategorie 3).*

Lautenbach **(121/D 5–6)**
Sehenswert ist die romanische Stiftskirche aus dem 11./12. Jh. mit einer sehr schönen dreibogigen Vorhalle. Das Portal ist mit merkwürdigen Skulpturen und Relieffiguren geschmückt – unter ihnen eine grinsende Hexe. Im Innern findet sich eine reiche gotische und barocke Einrichtung. Neben der Kirche kann man in dem *Bistro Aux deux Clefs* alte Emaillereklameschilder bewundern. Der Ort ist auch durch den Roman des Schriftstellers Jean Egen, »Unter den Linden von Lautenbach«, bekannt geworden. Egen schildert anschaulich den Konflikt der Elsässer zwischen ihrer teilweise germanischen Kultur und ihrem Hingezogensein zu Frankreich. Einen Besuch lohnt das liebevoll gestaltete Museum *Vivarium du Moulin,* das in Lautenbachzell in einer Mühle untergebracht ist. Hier sind Spinnen, exotische Insekten und Ameisen zu sehen *(6, Rue du Moulin, Di–So 14–18 Uhr, Juli und Aug. 10–19 Uhr, Jan.–8. Feb. geschl.).*

Le Markstein **(120/C6)**
Auf einer Höhe von 1176 Metern bietet sich einer der schönsten Panoramablicke der Vogesen. Spaß macht eine Fahrt auf der Sommerschlittenbahn.

MARCO POLO TIPS FÜR DAS SÜDELSASS

1. **Musée National de l'Automobile**
Über 100 Jahre Automobilgeschichte in Mulhouse (Seite 84)

2. **Écomusée Ungersheim**
Museumsdorf mit zahlreichen Aktivitäten, das einen Einblick in die Geschichte des Elsaß gibt (Seite 87)

3. **Ferrette**
Anheimelndes, landschaftlich schön gelegenes Städtchen am Eingang des elsässischen Jura (Seite 88)

4. **Les-Dominicains-Konzerte**
In dieser schönen Dominikanerkirche in Guebwiller, berühmt wegen ihrer Akustik, finden im Sommer hochkarätige Klassikkonzerte statt (Seite 79)

5. **Murbach**
Traumhaftes Seitental der Lauch mit einem der schönsten romanischen Bauwerke des Elsaß (Seite 82)

6. **Le Grand Ballon**
Panoramablick vom höchsten Punkt der Südvogesen (Seite 80)

Murbach (121/D 6)

★ In einem sehr schönen bewaldeten Seitental der Lauch liegt die Klosterkirche Murbach, eines der bedeutenden romanischen Bauwerke der Rheinebene. Das Stift, 728 gegründet, war mehrere Jahrhunderte ein einflußreiches wirtschaftliches und politisches Zentrum – weit über das Elsaß hinaus.

Route Joffre (124/C 3)

Traumhafte, fünfzehn Kilometer lange Bergstraße mit schönen Blicken, die über den Hundsrücksattel in das schöne Städtchen *Masevaux* führt. Angelegt wurde sie im Ersten Weltkrieg von Marschall Joffre.

Thann (125/D 2–3)

Bekannt ist das Städtchen (8000 Ew.) vor allem durch seine *Stiftskirche Sain-Thiébaut*, die neben dem Straßburger Münster als bedeutendstes gotisches Bauwerk des Elsaß gilt. Darauf bilden sich die Thanner etwas ein: Ein Sprichwort sagt, das Freiburger Münster sei zwar größer, das Straßburger höher, aber das Thanner am schönsten. Sehenswert ist außerdem die *Kornhalle* aus dem 16. Jh. In einer halben Stunde kann man zur *Burgruine Engelsburg* hinauflaufen und hat von dort einen schönen Blick über die Stadt. Als die Burg im 17. Jh. gesprengt wurde, kippte ein Teil des Turmes auf die Seite. Heute wird er im Volksmund »Œil de la Sorcière«, Hexenauge, genannt. Traurige Berühmtheit erlangte Thann Anfang der achtziger Jahre, als die »Schwarzen Wölfe«, antifranzösische Autonomisten, zweimal das lothringische Kreuz, ein Denkmal, das an die Befreiung der Stadt am Ende des Zweiten Weltkrieges erinnert, in die Luft sprengten. Zehn Kilometer nordwestlich von Thann findet sich in *Husseren-Wesserling* ein neues *Textil- und Kostümmuseum (tgl. außer Sa vormittags und Mo vormittags, April–Sept. 10–18 Uhr, Okt.–März 10–12 und 14–17 Uhr, Eintritt 30 FF, Kinder 20 FF).*

MULHOUSE

(126/B 3–4) »Stadt der tausend Schornsteine«, so wurde das Manchester Frankreichs lange Zeit bezeichnet. Heute raucht von ihnen kaum einer mehr, geblieben ist eine solide Industriekultur, auf die die zweitgrößte Stadt des Elsaß (mit Randgebieten 220 000 Einwohner) aufbauen kann. So verfügt Mulhouse über mehrere hervorragende technische Museen. Seit mehreren Jahren geben sich die Stadtväter zudem Mühe, den Ort zu verschönern. Es lohnt sich auf jeden Fall, einen Bummel durch die Innenstadt zu machen.

BESICHTIGUNGEN

Altes Rathaus

Stattlicher, reich bemalter Renaissancebau mit überdachter Doppeltreppe aus dem 16. Jh. auf der *Place de la Réunion*, dem schönsten Mülhauser Platz. In dem sehenswerten Ratssaal tagt noch heute der Mülhauser Gemeinderat. Vor dem Rathaus steht eine Nachbildung des Klappersteins. Wer über seine Mitmenschen herzog, wurde im Mittelalter dazu verurteilt, mit der fast 13 Kilo schweren, grimassenschneidenden Maske um

Im Renaissancerathaus in Mulhouse wird noch heute Politik gemacht

den Hals zum Hohn seiner Zeitgenossen auf einem Esel, auf dem er zudem mit dem Gesicht nach hinten sitzen mußte, durch die Stadt zu reiten.

Belvédère

Kleiner Aussichtsturm (nahe dem Zoo) auf dem Rebberg, einem alten Weinberg und Nobelviertel von Mulhouse mit schönen, alten Villen. Vom Turm (nach Einbruch der Dunkelheit geschlossen) hat man einen weiten Blick über Mulhouse bis zu den Vogesen. Auf dem Belvédère befindet sich auch eine Gedenkstätte mit einer Skulptur für die »Malgré nous«, die elsässischen Zwangseingezogenen im Zweiten Weltkrieg.

Parc Zoologique

Mehr als 1100 Tiere tummeln sich in diesem Zoo, der vor allem aufgrund der großzügigen landschaftlichen Gestaltung auf einer Fläche von 25 Hektar besticht. Er stammt aus dem Jahre 1868 und ist zugleich botanischer Garten. *1, Avenue de la 9ème Div. Infant Coloniale, tgl. Dez.–Feb. 10–16 Uhr, März, Okt., Nov. 9–17 Uhr, April, Sept. 9–18 Uhr, Mai–Aug. 9–19 Uhr, Eintritt 46 FF, Kinder 23 FF*

Temple Sainte-Étienne

Die unscheinbare protestantische Kirche an der *Place de la Réunion* wurde zwar erst im 19. Jh. gebaut, enthält aber zehn sehr schöne Fenster, die aus dem Jahre 1330 stammen und Szenen aus dem Alten und Neuen Testament zeigen.

MUSEEN

Electropolis

Ein Museum, das die Geschichte der Elektrizität erzählt, aber auch neueste Anwendungen wie für Musikcomputer oder Computerspiele dokumentiert. *55, Rue du Pâturage, Di–So 10–18 Uhr, Juli, Aug., Pfingsten und Ostern auch Mo geöffnet, Eintritt 48 FF, Kinder 23 FF*

Maison de la Céramique

Alte Ziegelei, in der vor allem moderne Keramikausstellungen gezeigt werden. *25, Rue Josué Hofer, Di–Sa 10–12 und 14–18 Uhr, So 14–18 Uhr, Eintritt 20 FF, Kinder 8 FF*

Musée National de l'Automobile

★ Mit jährlich über 300 000 Besuchern gehört das Automobilmuseum zu den erfolgreichsten Museen Frankreichs. Rund 500

Im Oldtimer-Museum: über 100 Jahre Automobilgeschichte

Oldtimer spiegeln über 100 Jahre Automobilgeschichte wider. Zu sehen gibt es die mit 123 Fahrzeugen größte Bugatti-Sammlung, darin zwei von vier noch existierenden Bugatti-Royale, die zu den luxuriösesten und teuersten Autos der Welt zählen. 900 Jugendstillaternen in der riesigen Halle beleuchten außerdem Modelle der Marken Mercedes, Ferrari, Maserati und auch den Rolls-Royce von Charlie Chaplin. *192, Avenue de Colmar, Mi–Mo 10–18 Uhr, Eintritt 57 FF, Kinder 27 FF*

Musée des Beaux-Arts

Die Sammlung reicht vom Mittelalter bis zum 20. Jh. Es werden Werke von Boucher, Breughel und Cranach gezeigt, außerdem eine schöne Kollektion von Werken des Sundgauer Malers Jean-Jacques Henner und neuerdings auch Sonderausstellungen zeitgenössischer Künstler. Das Museum befindet sich in einem Gebäude aus dem 18. Jh. *Place Guillaume Tell, Mi–Mo 10–12 und 14–18 Uhr, 1. Okt.–14. Mai nur bis 17 Uhr, Do 10–18 Uhr, im Winter bis 17 Uhr, Eintritt 20 FF, Kinder 15 FF*

Musée Français du Chemin de Fer

Zirka 100 Dampf- und Elektroloks, Personen- und Güterwagen parken auf dem 30 000 qm großen Gelände, allein die Halle des Eisenbahnmuseums umfaßt 13 000 qm. Das Museum vermittelt einen Überblick über die französische Eisenbahngeschichte. Neben moderneren Triebwagen gibt es die Oldtimer der Eisenbahngeschichte zu sehen, so eine »Saint-Pierre« aus dem Jahre 1844 oder die »Sézanne Nr. 5« von 1847. Bewundern kann man auch die Pullman-Salonwagen von 1926. *2, Rue Alfred Glehn, tgl.*

9–18 Uhr, Okt. – März 9–17 Uhr, Eintritt 45 FF, Kinder 20 FF

Musée Historique
Im Historischen Museum, das sich im alten Rathaus befindet, gibt es neben archäologischen Funden, Volkskunst, Trachten und Möbeln auch schönes altes Spielzeug zu sehen. *Mai–Okt. Mi–Mo 10–12 und 14–18 Uhr, Nov.–April Mi–Mo 10–12 und 14–17 Uhr, Eintritt 21 FF, Kinder 16 FF*

Musée de l'Impression sur Étoffes
Das Stoffdruckmuseum ist kürzlich modernisiert und neu konzipiert worden. Es zeichnet die Geschichte und Entwicklung des Stoffdrucks im 18. und 19. Jh. nach und nennt eine Sammlung von drei Millionen Musterdrucken sein eigen. Ferner gibt es wechselnde Sonderausstellungen. *14, Rue Jean-Jacques Henner, tgl. 10–18 Uhr, Druckvorführungen Mo, Mi, Fr, So ab 15 Uhr, Eintritt 36 FF, Kinder frei*

RESTAURANTS

L'Aubergine
Geheimtip am Stadtrand. Vorzügliche französische Küche in Wohnzimmeratmosphäre. Reservieren! *108, Rue de la Comète, Ecke Rue Pfastatt, Tel. 03 89 32 14 04, So und Mo geschl., Kategorie 2*

Le Cellier
Angenehmes Restaurant mit aufmerksamem Service knapp zehn Minuten zu Fuß vom Stadtkern. Sehr gute *tartes flambées*. Im Sommer stehen einige Tische draußen. Anmeldung empfohlen. *4, Rue des Trois Rois, Tel. 03 89 66 04 84, Sa mittags und So geschl., Kategorie 2–3*

Hug
Gutbürgerliche Küche im ersten Stock mit Blick auf die Rue du Sauvage. Das Interieur mit den dicken Lederbänken stammt noch vom Ende der fünfziger Jahre. In der Woche gibt es mittags günstige Menüs. Außerdem ist das Hug eine der seltenen Adressen in Mulhouse, wo man noch um Mitternacht etwas zu essen bekommt. *11, Rue du Sauvage, Tel. 03 89 45 33 86, So mittags geschl., Kategorie 2–3*

La Poste/La Tonnelle
Die Mulhouser Gourmettempel befinden sich in den Vorstädten. Wer seinem Gaumen also etwas Besonderes gönnen will, begibt sich nach *Riedisheim*, wo sich neben der früheren Poststation *La Poste (7, Rue du Général de Gaulle, Tel. 03 89 44 07 71, So abends und Mo geschl., Kategorie 1)* mit *La Tonnelle (61, Rue du Maréchal Joffre, Tel. 03 89 54 25 77, Di abends und Mi geschl., Kategorie 1–2)* ein weiteres Spitzenrestaurant findet.

Relais La Tour
Drehrestaurant auf dem Europaturm. Keine Spitzenküche, aber guter Durchschnitt mit Panoramablick von der 31. Etage. *3, Boulevard de l'Europe, Tel. 03 89 45 12 14, tgl., Kategorie 2*

EINKAUFEN

Leckere Croissants gibt es in der *Patisserie Scherrer (Rue Bonbonnière, auch Sonntagmorgen geöffnet)*. Den besten Espresso findet man unweit der Place de la Réunion in der *Rue Henriette* im *Café Arc*, zu dem auch ein Laden mit exquisitem Kaffee, Tee, Konfitüre und Schokolade gehört. Käseliebhaber sind richtig im *Au Bouton d'Or (5, Place de la Réunion).* Schleckermäuler bedienen sich nahebei beim Spitzenkonditor *Jacques.* Unweit hiervon liegen die beiden Mulhouser Glitzereinkaufsgalerien: *L'Espace Réunion* und *Cour des Maréchaux.* Etwas weniger edel, dafür aber um so bunter geht es am Dienstag, Donnerstag und besonders Samstag auf dem basarähnlichen Markt zu: *Marché du Canal Couvert, Rue Aristide Briand.*

HOTELS

Hotel Bristol

Mittelklassehotel mit guten Zimmern, einige davon genügen auch hohen Ansprüchen. Vier sind behindertengerecht. *70 Zi., 18, Avenue de Colmar, Tel. 03 89 42 12 31, Fax 03 89 42 50 57, Kategorie 2*

Hotel Roi Soleil

Modernes Billighotel mit 24-Stunden-Zugang mit Kreditkarte in der Hotelzone Ile Napoléon in Sausheim (gleichnamige Autobahnausfahrt auf der A 35 vor Mulhouse Centre). Von 7 bis 10 Uhr und 17 bis 22 Uhr ist der Empfang besetzt. *83 Zi., Route Nationale 422 A, Tel. 03 89 61 80 90, Fax 03 89 61 75 39, Kategorie 3*

Hotel Salvator

Familienhotel der Mittelklasse mit freundlichem, persönlichem Empfang. Es liegt günstig in Innenstadtnähe. *53 Zi., 29, Passage Central, Tel. 03 89 45 28 32, Fax 03 89 56 49 59, Kategorie 2*

AM ABEND

Im Sommer ist die große Terrasse des Cafés *Le Moll* an der *Place de la Bourse* Mulhouser Treffpunkt. Im Bistro *Le Greffier (16, Rue de la Loi)* trifft sich die Mulhouser jüngere und ältere Jugend. Achtung, nicht abschrekken lassen – man muß klingeln, um Einlaß zu bekommen, und das kann etwas dauern. In der Nähe des neuen Kulturzentrums *La Filature* findet sich in einer alten Fabrikhalle die Galerie und Bar *L'Entrepot (50, Rue du Nordfeld, Di–Sa 17.30–1.30 Uhr),* Freitag- und Samstagabend gibt es hier oft Tanz-, Kabarett-, Theater- oder Musikveranstaltungen, und in der Bar sind wechselnde Kunstausstellungen guten Niveaus zu sehen. In der Bar des Luxushotels *Hôtel du Parc (26, Rue de la Sinne)* genießt man seinen Cocktail mit dezenter Live-Musik *(Mo–Sa 19–1 Uhr Piano, Fr/Sa mit Schlagzeuger, Aug. geschl.).* Originell ist die Diskothek *Salle des Coffres:* Sie befindet sich in einem ehemaligen Tresorraum *(74, Rue du Sauvage, Mo und Di geschl.).* Die Rockmusik- und Alternativkultur kommt in einer ehemaligen Lagerhalle und Fabrik am Stadtrand im *Noumatrouff* zu ihrem Recht *(57, Rue Mertzau).* Das Kulturzentrum *Filature (20, Allée Nathan Katz)* schließlich, ein hochmoderner Bau des Architekten Claude Vasconi, bietet das ganze Jahr über ein weitgefächertes Angebot an Tanz- und Theateraufführungen sowie Konzerten. Im Juli und August indes ist Sommerpause, Ende August gibt es dann zum Start der Kultursaison ein mehrtägiges Jazzfestival.

BÄDER

Wer in der kälteren Jahreszeit im Elsaß weilt und Wärme sucht, dem seien die *Städtischen Bäder (2, Rue Pierre Curie)* empfohlen. Die römischen Bäder – eine Mischung aus Sauna, Dampfbad sowie Kalt- und Warmwasserbecken – in Räumen in großzügigem Jugendstil sind ein Erlebnis. *Okt.–Mai, gemischt Di 16 bis 22 Uhr, Do 17.30–21 Uhr, Männer Do 8.30–11.45 und 14–17.30 Uhr, Sa 8.30–11.45 und 14–19.15 Uhr, Frauen Mi 14–19.15 und Fr 8.30–21 Uhr, Eintritt 90 FF*

AUSKUNFT

Office de Tourisme
9, Avenue Maréchal Foch, 68100 Mulhouse, Tel. 03 89 35 48 48, Fax 03 89 45 66 16

ZIELE IN DER UMGEBUNG

Écomusée (126/B 1)
★ Das elsässische Freilichtmuseum erfreut sich großer Beliebtheit. Durchschnittlich 350 000 Besucher finden jährlich den Weg nach *Ungersheim.* Über 60 historische Gebäude aus dem 12. bis 20. Jh. sind in dem Museumsdorf in einem ehemaligen Kalibecken wieder aufgebaut worden, darunter eine Sägemühle aus den Vogesen, der Wehrturm eines Edelmannes aus Mulhouse, Fischerhütten, Bauernhöfe und ein französisches Salonkarussell von 1900 mit Bar, Plüsch- und Lederlogen und Tanzfläche – die Diskothek unserer Vorfahren. Ferner gibt es eine Schmiede, eine Wagenbauer- und eine Schuhmacherwerkstatt, eine Ölmühle und eine Weberei, in denen man zuschauen kann, wie die Handwerker früher gearbeitet haben. *Ungersheim (12 Kilometer nördlich von Mulhouse), Juli und Aug. tgl. 9–19 Uhr, April, Mai, Juni, Sept. 9.30–18 Uhr, März, Okt. 10 bis 17 Uhr, Nov.–Feb. 10.30–16.30 Uhr, Eintritt 78 FF, Kinder 48 FF*

Musée du Papier Peint (126/C 3–4)
Das Tapetenmuseum in *Rixheim* kann aus einem reichen Fundus von 130 000 Tapeten schöpfen. *28, Rue Zuber, Juni bis Sept. Mo–Fr 9–12 und 14 bis 18 Uhr, Sa, So ab 10 Uhr, sonst Mi–Mo 10–12 und 14–18 Uhr, Eintritt 35 FF, Kinder 25 FF*

SUNDGAU

(128/A–C 1–5, 129/D–E 1–4) Im Grenzgebiet zur Schweiz hat der Reichtum der Eidgenossen auf die Region des ländlichen Sundgau abgefärbt. Ein schönes Dorf mit liebevoll restaurierten alten Bauernhäusern reiht sich an das nächste, in manchen Orten arbeitet jeder zweite in der Schweiz, die Arbeitslosenquote ist die niedrigste Frankreichs. Besonders schön und blumengeschmückt sind die Dörfer *Hirtzbach* und *Hirsingue.* Zahlreiche künstlich angelegte Fischteiche finden sich in der grünen, hügeligen und waldreichen Landschaft – hier werden die Karpfen aufgezogen, die dann später als Sundgauer Spezialität *carpes frites,* in Fett gebacken, auf den Tisch kommen. Im Süden des Sundgaus wird es bergiger, der elsässische Jura mit seinen tiefen Tannenwäldern ist bis zu 800 Meter hoch. Der Fahrradtourismus, für den sich der Sundgau anbietet, wird hier etwas beschwerlich, aber die Abfahrt vom *Blochmont* (622 m) in Richtung Ferrette entschädigt für manche Anstrengung; bergauf muß man eben notfalls schieben.

SEHENSWERTE ORTE

Altkirch (128/B 1–2)
Die Regionalhauptstadt (6000 Ew.) des Sundgaus liegt auf einem Hügel über dem Illtal. Von der neuromanischen Kirche *Notre-Dame* hat man einen schönen Blick auf das Tal.

Ferrette (128/C 4)
★ Das mittelalterliche Städtchen Ferrette war früher Sitz einer unabhängigen Grafschaft. Der Graf hinterließ zwei Burgruinen, von der *Oberburg* (zehn Minuten zu Fuß vom Rathaus) hat man einen schönen Blick auf Jura und Vogesen, bei gutem Wetter bis zum Schwarzwald. Direkt neben Ferrette liegt Vieux Ferrette. Hier finden Sie den ausgezeichneten Käseladen von *Bernard Antony (17, Rue Montagne, Tel. 03 89 40 42 22),* in dem nach Voranmeldung auch Käsedegustationen stattfinden.

Lucelle (128/B 5)
Mit 53 Einwohnern kleinster Ort des Oberelsaß, in dem früher eine berühmte Zisterzienserabtei stand. Die Grenze zur Schweiz verläuft mitten im Dorf. Schön ist die Fahrt über *Winkel,* wo die Ill entspringt.

MUSEUM

Maison du Sundgau (129/D 4)
Die Maison du Sundgau in *Oltingue* ist in einer Herberge aus dem 16. Jh. untergebracht. Das Bauern- und Heimatmuseum vermittelt einen Einblick in den Alltag früherer Zeiten im Sundgau. *Oltingue, 150, Rue Principale, 15. Juni–30. Sept. Di, Do, Sa 15 bis 18 Uhr, So 11–12 und 15–18 Uhr, sonst nur So 14–17 Uhr, Jan. und Feb. geschl., Eintritt 10 FF*

RESTAURANTS UND HOTELS

Hotel-Restaurant Collin (128/C 4)
Ein einfaches Hotel am Ortseingang. *9 Zi., 4, Rue du Château, 68480 Ferrette, Tel. 03 89 40 40 72, Fax 03 89 40 38 26, Kategorie 2*

Hotel-Restaurant Auberge de Frœningen (126/A 5)
Angenehmes, kleines Familienhotel mit sehr freundlichem Empfang. Einziger Nachteil: Es gibt nur sieben Zimmer, die oft ausgebucht sind. Empfehlenswert ist auch das Restaurant, in dem auf Feinschmeckerniveau gekocht wird. *2, Route d'Illfurth, 68720 Illfurth-Frœningen, Tel. 03 89 25 48 48, Fax 03 89 25 57 33, Restaurant So abends und Mo geschl., Kategorie 1–2, Hotel Kategorie 2*

Hostellerie Paulus (126/C 5)
Im idyllisch gelegenen Dorf *Landser* findet sich das Restaurant in einem schönen, behutsam restaurierten Fachwerkhaus. Marktfrische Saisonprodukte, auch die Fischgerichte sind zu empfehlen. *4, Place de la Paix, Tel. 03 89 81 33 30, Sa mittags, So abends und Mo geschl., Kategorie 1*

AUSKUNFT

Syndicat d'Initiative d'Altkirch
Place Xavier Jourdain, 68130 Altkirch, Tel. 03 89 40 02 90, Fax 03 89 08 86 90

Schöne Aussichten

Die hier beschriebenen Routen sind in der Übersichtskarte im vorderen Umschlag und im Reiseatlas ab Seite 108 grün markiert

① VOM RHEIN IN DIE HOCHVOGESEN

Die Route beginnt am ehemaligen Grenzübergang auf der Rheinbrücke bei Breisach und führt zunächst nach Colmar. Nach dem Mittagessen in Ammerschwihr oder Kaysersberg geht es hinauf in die Hochvogesen und ein Stück auf der Route des Crêtes entlang. Durchs Münstertal geht es hinunter nach Turckheim bzw. Colmar, wo die Fahrt endet. Die rund 100 km lange Tour, die vor allem landschaftliche Höhepunkte bietet, ist an einem Tag zu schaffen, wer jedoch genügend Zeit für Besichtigungen in Colmar haben möchte, sollte besser zwei Tage veranschlagen.

Die alte Zollstelle auf der *Rheinbrücke bei Breisach* wurde mit Inkrafttreten des Schengener Abkommens geschlossen, in dem Gebäude sind heute ein *Café* und ein *Hanfladen* untergebracht, der den französischen Gendarmen, die wenige hundert Meter entfernt eine Dienststelle haben, ein Dorn im Auge ist. Denn die strengen französischen Gesetze verbieten sogar Symbole, die zum Rauschgiftkonsum verführen könnten. Im Prinzip macht sich schon strafbar, wer in dem kleinen Laden ein Paar Ohrringe in Form von Hanfblättern kauft …

Erste Station im Elsaß ist *Neuf-Brisach (S. 66),* das direkt gegenüber dem deutschen Breisach auf der linken Rheinseite liegt. Ein Spaziergang durch das Zentrum lohnt sich, denn Neuf-Brisach, erbaut unter dem Festungsbaumeister Vauban, ist ein Musterbeispiel der französischen Militärarchitektur des ausgehenden 17. Jhs.

Von Neuf-Brisach führt Sie die Nationalstraße 415 nach *Colmar (S. 59),* für viele die schönste Stadt im Elsaß. Hier sollten Sie sich etwas Zeit nehmen, um zumindest einige der zahlreichen Sehenswürdigkeiten zu besichtigen. Wer Colmar etwas besser kennenlernen will, sollte sich hier ein Hotelzimmer reservieren.

Für die Weiterfahrt nehmen Sie wieder die N 415 und fahren in Richtung Kaysersberg bis Ingersheim, von dort rechts ab auf der D 10 nach *Sigolsheim.* Der kleine Winzerort ist für besonders guten Wein bekannt. Zur Weinprobe lädt beispielsweise der örtliche Genossenschaftskeller *Cave Vinicole (12, Rue Saint-Jacques)* ein. Lohnend ist auch ein Besuch in der romanischen Kirche *Saints-Pierre-et-Paul,* die Ende des 12. Jhs. errichtet wurde. Das Portal zeigt den thronenden Christus.

Wer besonders gut essen will, kann dies nahe Sigolsheim in *Ammerschwihr* tun, wo sich einer der renommierten Feinschmeckertempel des Elsaß befindet *(S. 66).* Sie können aber auch gleich weiter in Richtung *Kaysersberg (S. 66)* fahren und dort eine Rast einlegen. Gepflegte traditionelle Küche bietet das Restaurant *La Vieille Forge,* das in einer alten Schmiede untergebracht ist *(1, Rue des Écoles, Tel. 03 89 47 17 51, Di und Mi geschl., Kategorie 2).* Nach dem Mittagessen geht's über die gut ausgebaute N 415 weiter in Richtung Westen. Nach wenigen Kilometern nach links in Richtung Orbey abbiegen.

Die D 48 führt in einigen Serpentinen bis zum *Lac Blanc,* einem hübschen, kleinen Gebirgssee. Hier wurde eine Skistation mit mehreren Liften ausgebaut – bei Wintersportwetter ist der Andrang entsprechend. Wer sich gerne die Füße vertreten, die klare Bergluft und die schöne Aussicht genießen will, kann sein Auto auf dem Parkplatz lassen. Vom Lac Blanc führt die Straße weiter bis zur *Route des Crêtes,* der Höhenkammstraße *(S. 67).* Von hier aus haben Sie eine herrliche Sicht über die Hochvogesen – leider ist diese sehr beliebte Ausflugsstraße am Wochenende entsprechend überfüllt.

Wenn Sie die Route des Crêtes (D 61) erreicht haben, biegen Sie nach links ab. Nach einigen Kilometern sehen Sie auf der linken Seite einen schönen Wasserfall. Sie verlassen die Kammstraße kurz vor dem Col de la Schlucht und biegen links in die D 417 ein – in Richtung Munster. Wenn Sie Lust auf einen Spaziergang haben, können Sie von der D 417 links abbiegen in Richtung *Lac Vert* – ein besonders idyllisches Plätzchen. Nächste Station ist der Ort *Munster (S. 66),* der im gleichnamigen Tal liegt.

Von Munster aus sollten Sie die D 10 nehmen – sie führt parallel zur D 417 mitten durch Weinberge nach *Turckheim (S. 77),* das zur Sommerzeit noch einen richtigen Nachtwächter aufzuweisen hat. Wer will, kann hier in einem der 18 komfortablen Zimmer im Hotel *Berceau du Vigneron* übernachten, das direkt an der historischen Stadtmauer liegt *(10, Place Turenne, Tel. 03 89 27 23 55, Fax 03 89 27 47 21, im Winter geschl., Kategorie 2).* Schmackhafte Hausmannskost in gemütlicher Atmosphäre gibt's im *Caveau du Vigneron (5, Grand'Rue, Tel. 03 89 27 06 85, Kategorie 2).* Wenn Sie dagegen noch Lust auf etwas Nachtleben haben, sollten Sie bis Colmar fahren und dort übernachten.

② BERG-UND-TAL-FAHRT ZU STRASSBURGS HAUSBERGEN

Unsere zweite Rundfahrt führt von Straßburg nach Westen durchs Breuschtal und über den Champ du Feu, den Ausflugsberg der Straßburger, wieder zurück in die Europastadt. Für die knapp 250 Kilometer sollten Sie sich zwei Tage Zeit nehmen, übernachtet wird in Fouday oder Colroy-La-Roche.

Von Straßburg aus folgen Sie den Autobahnschildern und fahren ein Stück auf der A35 in Richtung Flughafen und dann nach *Molsheim (S. 74).* Nun befinden Sie sich im Breuschtal, das einst eine blühende Textil- und Metallindustrie besaß. Davon ist heute kaum etwas übrig, und viele Bewohner des Tals pendeln zur Arbeit nach Molsheim oder Straßburg. Knapp 15 Kilometer nach Mutzig verlassen Sie die Schnellstraße und biegen in die D218 ein. Diese Straße führt Sie durch das romantische Haseltal nach *Oberhaslach,* wo der heilige Florentinus im 7.Jh. als Einsiedler gelebt und die Abtei Niederhaslach gegründet haben soll. Von Oberhaslach geht es weiter auf der D218 bis zum *Wasserfall von Nideck,* der ein beeindrukkendes Naturschauspiel bildet. Der Wasserfall und die nahe gelegenen Burgruinen Nideck, Hohenstein und Ringelstein sind beliebte Ausflugsziele, wo sich an Wochenenden zahlreiche Wanderer tummeln.

Als nächste Etappe empfiehlt sich der *Donon (S. 57).* Dorthin gelangen Sie am besten, indem Sie die D218 über Oberhaslach zurück und bis zur N420 fahren. Dort geht es rechts bis zum Städtchen Schirmeck. Durch die Hauptstraße durch und dann rechts in die D392 einbiegen, die direkt zum Donon führt. Das letzte Stück müssen Sie zu Fuß gehen – ein mit Treppen ausgebauter und beschilderter Spazierweg führt auf den Gipfel. Die Mühe lohnt sich – der mit 1008 Metern höchste Gipfel der Nordvogesen bietet nicht nur eine herrliche Aussicht, er verströmt auch eine eigenartige, fast mystische Aura. Überreste gallo-römischer Tempel, die vor einigen Jahren mit anschaulichen Info-Tafeln versehen wurden, erinnern an die historische Bedeutung dieser Stätte.

Vom Donon führt die D993 ins wenige Kilometer entfernte *Grandfontaine,* wo ein kleines *Bergwerksmuseum* an den Abbau von Eisenerz im 12.Jh. erinnert. Am Ortsausgang rechts abbiegen, in Richtung Étang du Coucou und Salm – der Weg führt Sie aufs *Salm-Hochplateau,* das einst zum Besitz der im Rheinland ansässigen Fürsten Salm gehörte. An sie erinnert das in 800 Meter Höhe gelegene Schloß Salm. In der kargen und rauhen Landschaft des Hochplateaus ließen sich zu Beginn des 18.Jhs. Mennoniten nieder. In Salm ist ein Friedhof der für ihr gottesfürchtiges und spartanisches Leben bekannten Religionsgemeinschaft zu besichtigen. In Grandfontaine laden zwei einfache Gastwirtschaften zum Essen ein.

Nach dem Mittagessen geht's zurück nach Schirmeck und von dort über die N420 bis zur Ortschaft Fouday. Von hier aus führt die D57 nach *Waldersbach* (Ban-de-la-Roche), wo von 1767 bis 1826 der evangelische Pastor und Sozialreformer Johann Friedrich Oberlin wirkte. Oberlin setzte sich nicht nur für das Seelenheil seiner Schäfchen ein, sondern bemühte sich auch, ihr hartes Leben in dem kargen Tal erträglicher zu machen. So wurde unter Leitung des vielseitigen und praktisch veranlagten Gottesmannes die Landwirtschaft modernisiert, die Bauern probierten neues Pflanzgut und neue Kartoffelsaaten aus, legten Obstgärten an und veredelten Bäume. Oberlin gilt auch als Erfinder des Kindergartens, weil er »Strickstuben« einrichtete, in denen junge Frauen Kleinkinder betreuten, während die Mütter auf dem Feld mithalfen. Selbst pädagogisches Spielzeug ließ sich der Pastor einfallen. Über das segensreiche Leben des ungewöhnlichen Gottesmannes informiert das *Oberlin-Museum,* das im einstigen Pfarrhaus von Waldersbach untergebracht ist *(April–Okt. Mi, Do, Sa, So 14 bis 18 Uhr, Juli und Aug. auch Mo und Fr).*

Wer den Tag nun mit einem guten Essen ausklingen lassen will, kann dies in *Fouday* tun. Dort bietet das Hotelrestaurant *Julien* 30 gemütliche Zimmer und bürgerliche, bodenständige Küche *(12, Route Nationale, Tel. 03 88 97 30 09, Fax 03 88 97 30 09, Kategorie 2).* Einige Kilometer weiter liegt in Colroy-la-Roche die *Hostellerie La Cheneaudière,* ein elegantes Hotel mit Schwimmbad und zwei Schlemmerrestaurants für gehobene Ansprüche *(Tel. 03 88 97 61 64, Fax 03 88 47 21 73, tgl., Luxuskategorie).* Die Hostellerie verkauft auch hausgebrannte Obstschnäpse und Stopfleber zum Mitnehmen.

Von Colroy-la-Roche geht es am nächsten Tag weiter bis zu dem Dörfchen *Ranrupt,* wo sie in der *Töpferei Tonin* und einer benachbarten *Porzellanmalerei* Souvenirs kaufen können. Hier ist auch ein *ehemaliges Sägewerk* aus dem 19. Jh. zu besichtigen. Wenige Kilometer entfernt liegt *Salcée,* wo es ausgezeichnete hausgemachte Marmeladen zu kaufen gibt. Von Salcée empfiehlt sich ein Abstecher über den landschaftlich reizvollen Steige-Paß auf das *Climont-Hochplateau,* das einen herrlichen Panoramablick über die Vogesen bietet.

Weiter auf der D 214 bis zum Col d'Urbeis und von dort über die D 39 in Richtung Villé. Kurz nach Villé zweigt bei Saint-Martin rechts die D 225 ab, die Sie durch das Breitenbachtal und über den Charbonnière-Paß zum *Champ du Feu* führt. Auf dem Hausberg der Straßburger gibt es einige Skilifte und eine schöne Rodelbahn.

Vom Champ du Feu führt die D 214 weiter zum *Odilienberg,* dem »Heiligen Berg« des Elsaß *(S. 57).* Wer will, kann zuvor von der D 214 links in die D 130 einbiegen und das ehemalige Konzentrationslager *Struthof* *(S. 57)* besuchen.

Vom Mont Sainte-Odile aus geht's über die D 426 bergab nach *Ottrott,* wo Sie den »Rouge d'Ottrott« probieren können – einen der wenigen Rotweine des Elsaß. Von hier führt die D 35 über Bœrsch ins beschauliche *Rosheim* *(S. 76)* und weiter durch hügelige Felder und Wiesen nach *Blaesheim* (zuerst die D 207 und dann, nach Krautergersheim, links ab die D 161). Hier gibt's bei Philippe Schadt hervorragende elsässische Küche – und wenn der Wirt gut aufgelegt ist, zeigt er Ihnen auch erotische Zeichnungen seines Freundes Tomi Ungerer, die im ersten Stock hinter Holztafeln versteckt sind *(Chez Philippe Schadt, 8, Place de l'Église, Tel. 03 88 68 86 00, So abends und Do geschl., Kategorie 1–2).* Von Blaesheim sind Sie in wenigen Minuten auf der N 422, die Sie nach Straßburg zurückführt.

Von Auskunft bis Zoll

Hier finden Sie kurzgefaßt die wichtigsten Adressen und Informationen für Ihre Reise ins Elsaß

AUSKUNFT VOR DER REISE

Maison de la France
– Westendstr. 47, 60325 Frankfurt, Tel. 0190/57 00 25, Fax 59 90 61
– Löwenstr. 59, 8023 Zürich, Tel. 01/211 30 85, Fax 212 16 44
– Argentinier Str. 41, 1040 Wien, Tel. 01/503 28 90, Fax 503 28 71

AUSKUNFT IM ELSASS

Office Départemental du Tourisme du Bas-Rhin (Unterelsaß)
9, Rue du Dôme, B.P. 53, 67061 Strasbourg Cedex, Tel. 03 88 15 45 80, Fax 03 88 75 67 64

Association Départementale du Tourisme du Haut-Rhin (Oberelsaß)
1, Rue Schlumberger, B.P. 337, 68006 Colmar Cedex, Tel. 03 89 20 10 68, Fax 03 89 23 33 91

AUTO

Die Höchstgeschwindigkeit in geschlossenen Ortschaften beträgt 50 km/h. Auf Autobahnen darf man 130 (bei Regen 110), auf Schnellstraßen 110 (bei Regen 100) und auf Landstraßen 90 (bei Regen 80)km/h fahren. Die Strafen sind erheblich. Ausländer werden an Ort und Stelle zur Kasse gebeten. Die Promillegrenze liegt bei 0,5.

Gibt es bei einem Unfall Blechschaden, müssen die Unfallteilnehmer Schaden und Unfallhergang selber aufnehmen – die Polizei kommt nur bei Personenschäden.

Benzin ist teurer als in Deutschland. Die Tankstellen der großen Supermärkte sind ganz erheblich billiger als Markentankstellen.

BAHN (SNCF)

Für das ganze Elsaß gilt die zentrale Auskunfts- und Reservierungstelefonnummer *08 36 35 35 35* (2,23 Franc/Minute).

BANKEN/GELDWECHSEL

Banken sind meist Mo–Fr 9 bis 11.30 Uhr oder 12.30 Uhr und 13.30 oder 14 bis 16.30 oder 17 Uhr geöffnet. Einige schließen am Montag und öffnen dafür am Samstagvormittag. In den Bahnhöfen von Strasbourg und

Mulhouse bleibt auch am Wochenende ein Wechselschalter geöffnet, außerdem gibt es Geldwechselautomaten, die rund um die Uhr Mark und Schweizer Franken in französische Franc umtauschen. Viele Geschäfte akzeptieren auch D-Mark oder Franken, das Wechselgeld erhalten Sie jedoch in französischer Währung. Kreditkarten, vor allem Euro und Visa, sind in Frankreich sehr verbreitet. Mit der Eurochequekarte kann man an Geldautomaten bis zu 1400 Franc abheben.

CAMPING

In den Fremdenverkehrsbüros erhält man die Broschüre »Guide des campings d'Alsace«, die die Campingplätze der Region aufführt.

DIPLOMATISCHE VERTRETUNG

Deutschland
15, Rue des Francs Bourgeois, Strasbourg, Tel. 03 88 15 03 40

Österreich
29, Avenue de la Paix, Strasbourg, Tel. 03 88 35 13 94

Schweiz
11, Boulevard du Président Edwards, Strasbourg, Tel. 03 88 35 00 70

EINREISE

Personalausweis genügt. Eine Paßkontrolle findet dank des Schengener Abkommens an den deutsch-französischen Grenzübergängen nicht statt, es herrscht freie Fahrt.

GESUNDHEIT

Zwischen den deutschen und französischen Krankenkassen regelt ein Abkommen, daß der Arztbesuch mit dem Auslandskrankenschein kostenlos ist – theoretisch. Oft wird der Krankenschein jedoch nicht anerkannt, oder es entstehen Zusatzkosten. Legen Sie Arzt- und Apothekengebühren zunächst aus, und reichen Sie die Belege der heimischen Kasse zur Erstattung ein. Um auch einen eventuellen Eigenanteil abzudecken, ist eine Reisekrankenversicherung ratsam. Welche Apotheke Bereitschaftsdienst hat, ist an der Tür angezeigt.

GÎTE RURAL

Eine günstige Möglichkeit unterzukommen sind die *gîtes ruraux,* Wohnungen und Häuser auf dem Land und in den Vogesen, die von Privatpersonen, meist Bauern, vermietet werden.

Die Marco Polo Bitte

Marco Polo war der erste Weltreisende. Er reiste in friedlicher Absicht, verband Ost und West. Er wollte die Welt entdecken, fremde Kulturen kennenlernen, nicht zerstören. Könnte er heute für uns Reisende nicht Vorbild sein? Aufgeschlossen und friedlich sollte unsere Haltung auf Reisen sein. Dazu gehören auch Respekt vor Mensch und Tier und die Bewahrung der Umwelt.

WWF

In der Vorsaison können Sie manche Häuser und Wohnungen schon für 300 bis 400 Mark pro Woche mieten, im Hochsommer muß man 100 bis 150 Mark mehr rechnen.

Oberelsaß
Relais Départemental des Gîtes ruraux de France et du Haut-Rhin, B. P. 371, F-68007 Colmar Cedex, Tel. 03 89 20 10 60

Unterelsaß
Relais du Tourisme Rural du Bas-Rhin, 7, Place des Meuniers, F-67000 Strasbourg, Tel. 03 88 75 56 50

HAUSTIERE

Für Hunde zwischen drei Monaten und einem Jahr benötigen Sie für den Grenzübertritt eine tierärztliche Bescheinigung über Impfung gegen Tollwut, Hepatitis und Staupe. Der Nachweis der Impfung gegen Tollwut und Katzenseuche wird für Katzen verlangt. Für ältere Tiere braucht man nur die Tollwutschutzimpfung. Bei Tieren, die jünger sind als drei Monate, benötigen Sie die Genehmigung der französischen Veterinärbehörden.

INTERNET

Auch im Elsaß hat man das Internet entdeckt. So bietet die Region Elsaß unter *www.cr-alsace.fr* eine Vielzahl von Informationen, die auch für Touristen nützlich sein können. Eigene Internetseiten haben auch der Tourismusverband der Region Elsaß *(www.tourisme-alsace.com)* sowie der Tourismusverband des Departements Oberelsaß: *www.tourisme68.asso.fr*.

JUGENDHERBERGEN

Colmar
Auberge de Jeunesse, 2, Rue Pasteur, Tel. 03 89 80 57 39, Fax 03 89 80 76 16

Mulhouse
Auberge de Jeunesse, 37, Rue Illberg, Tel. 03 89 42 63 28, Fax 03 89 59 74 95

Strasbourg
Auberge de Jeunesse, 9, Rue de l'Auberge de Jeunesse, Tel. 03 88 30 26 46, Fax 03 88 30 35 16

Rue des Cavaliers – Parc du Rhin (bei der Europabrücke), Tel. 03 88 45 54 20, Fax 03 88 45 54 21

KLIMA

Im Elsaß herrscht überwiegend mildes Klima. Da die Rheinebene im Schutz der Vogesen liegt, regnet es wenig. Im Hochsommer ist es in der Ebene oft schwül und heiß, in den Vogesen hingegen weht ein angenehm frischer Wind. Im Frühjahr und Herbst können Sie oft herrliches, mildes Wetter haben, bisweilen gibt es allerdings Nebel. Wenn im Winter die Ebene in Schneematsch und Nebel versinkt, beschert Ihnen die Fahrt auf die Höhen der Vogesen strahlend blauen Himmel mit warmem Sonnenschein. In schneereichen Wintern sind die Vogesen ein herrliches Wintersportgebiet.

MIETWAGEN

Mietwagen der Mittelklasse kosten um die 700 Franc pro Tag ohne Kilometergebühr, pro Woche ohne Kilometerbegrenzung um die 2400 Franc. Buchungen bereits von zu Hause aus sind oft günstiger als vor Ort.

Strasbourg
Avis: Place de la Gare,
Tel. 03 88 32 30 44
Europcar: Place de la Gare,
Tel. 03 88 15 55 66
Hertz: 10, Boulevard Metz,
Tel. 03 88 32 57 62

NOTRUF

Notarzt: *15*
Polizei: *17*
Feuerwehr: *18*

ÖFFENTLICHE VERKEHRSMITTEL

In den drei großen elsässischen Städten gibt es ein gut ausgebautes Busnetz, in Strasbourg fährt seit Herbst 1994 außerdem auch eine Straßenbahn. Busfahrscheine können beim Fahrer oder in den Tabakläden gekauft werden. Zwischen Colmar und Freiburg sowie zwischen Mulhouse und Freiburg verkehrt mehrmals täglich ein Euroregiobus. Er fährt jeweils an den Bahnhöfen ab.

POST

Die meisten Postämter haben Mo–Fr 8–18.30 Uhr geöffnet, am Samstag 8–12 Uhr. Briefmarken gibt es auch in den Tabakläden. Ein Brief bis 20 Gramm in Länder der EU sowie in die Schweiz kostet 3 Francs, Postkarten den gleichen Preis.

STROMSPANNUNG

Die Stromspannung beträgt 220 Volt. Die deutschen Stecker passen indes nicht immer, Sie sollten deshalb einen Adapter mitnehmen, den man auch im Kaufhaus im Elsaß erstehen kann.

TELEFON

Münztelefone sterben in Frankreich aus. Die Telefonkarten *(télécartes)*, die Sie für die Kartenautomaten benötigen, erhalten Sie in Tabakläden oder in der Post. Die Vorwahlen innerhalb Frankreichs sind abgeschafft, alle Telefonnummern in Frankreich sind seither zehnstellig. Sie müssen vor sämtliche Nummern im Elsaß die 03 setzen; d. h. die einstige Nummer 88 32 17 77 lautet jetzt 03 88 32 17 77 – von überall in Frankreich; man muß also auch innerhalb ein und desselben Ortes im Elsaß stets zunächst 03 wählen. Vorwahl nach Frankreich 0033, dann die Null weglassen. Nach Deutschland müssen Sie erst die 00 für das Ausland wählen, dann die 49 und schließlich die Nummer des Gesprächspartners ohne die Null der Ortsvorwahl wählen. Die Ländervorwahl für die Schweiz lautet 41, für Österreich 43.

TRINKGELD

Bedienung ist im Restaurant in den Preisen normalerweise enthalten. Üblich sind indes Trinkgelder bis zu zehn Prozent der Rechnung, vorausgesetzt natürlich, Sie waren mit dem Service zufrieden. Im Hotel gibt man Trinkgeld für Extraleistungen, so erhält das Zimmermädchen pro Tag 5 bis 10 Franc, der Gepäckträger 2 oder 3 Franc. Bei Taxifahrten kann man sich ebenfalls an die Faustregel der zehn

Prozent halten. In Kinos mit Platzanweiserinnen gibt man in Frankreich ebenfalls Trinkgeld (2 oder 3 Franc).

ZEITUNGEN

Im Elsaß gibt es noch zwei regionale Tageszeitungen: Die »Dernières Nouvelles d'Alsace« (DNA) erscheint in Strasbourg und hat eine Auflage von 230 000, die »L'Alsace« mit einer Auflage von 130 000 wird in Mulhouse herausgegeben. Beide Zeitungen verfügen über einen Serviceteil, in dem Notrufnummern sowie die diensthabenden Ärzte und Apotheken aufgeführt werden. Interessant ist auch die überwiegend deutschsprachige Wochenzeitung »3«, die am Freitag der Basler Zeitung beigelegt ist (an manchen Kiosken auch im Einzelverkauf).

ZOLL

Innerhalb der Europäischen Union darf der Tourist alle Waren, die er für seinen persönlichen Verbrauch eingekauft hat, frei ein- und ausführen, z. B. bis zu 90 l Wein, 10 l Spirituosen und 800 Zigaretten. Für Schweizer, bei Durchfahrt durch die Schweiz sowie für Duty-free-Waren gelten enge Mengenbeschränkungen, z. B. 200 Zigaretten und 2 l Wein.

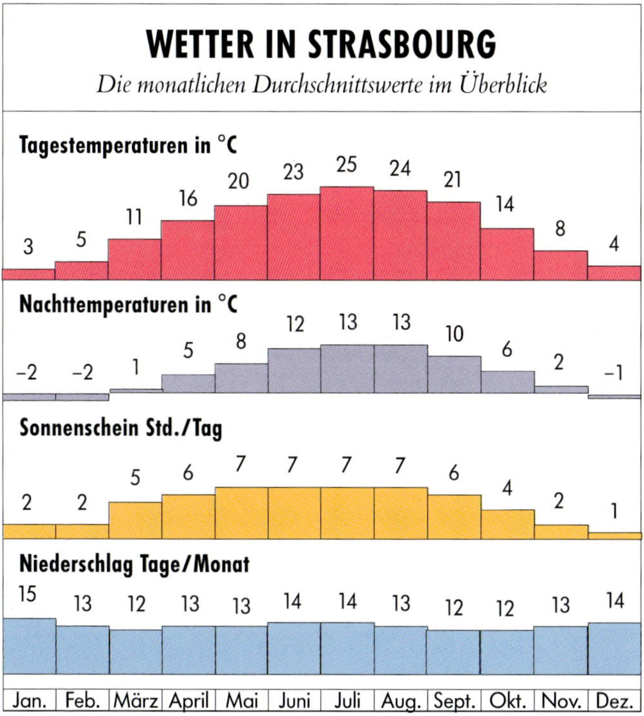

Bloß nicht!

Auch im Elsaß gibt es – wie in allen Reisegebieten – Touristenfallen und Dinge, die man besser meidet

Alkohol am Steuer
Achtung, auch in Frankreich wurde die Promillegrenze auf 0,5 Promille gesenkt. Man muß also beim Alkoholkonsum sehr zurückhaltend sein.

Taschendiebe
Strasbourg ist zwar noch nicht Marseille, doch machen Automarder und Taschendiebe auch die Elsaß-Metropole zunehmend unsicher. Sie sollten beim Bummel und in den öffentlichen Verkehrsmitteln gut auf Handtasche und Fotoapparat aufpassen, nie Wertsachen im Auto lassen, den Wagen immer gut abschließen und das Portemonnaie nicht griffbereit in der Hosentasche tragen. Als besonders heißes Pflaster gilt neben dem Bahnhof der Münsterplatz.

Parkplatznot
In die Straßburger Innenstadt sollten Sie möglichst nicht mit dem Wagen fahren. Parkplätze sind rar, und Falschparker müssen mit empfindlichen Geldbußen rechnen: Rund 22 Mark kassiert die Polizei, wenn die Parkuhr abgelaufen ist, fast 70 Mark muß löhnen, wer sein Auto im Parkverbot abgestellt hat und dabei erwischt wird. Geparkte Wagen, die den Verkehr behindern, werden gnadenlos abgeschleppt, die Rechnung ist dann mit rund 240 Mark noch gesalzener. Besonders schwierig erweist sich die Parkplatzsuche an den im Elsaß generell verkaufsoffenen Samstagen sowie an deutschen Feiertagen, die in Frankreich keine sind. Dann strömen Tausende von Einkaufstouristen aus der benachbarten Bundesrepublik über die Grenze. Die Straßburger Parkhäuser in der Innenstadt sind dann bereits morgens voll. Besser ist es, den Wagen außerhalb des Stadtkerns zu lassen und einige Minuten zu Fuß zu gehen. Ähnlich sieht es an solchen Tagen in Mulhouse aus. Beide Städte bieten an den Hauptverkaufstagen ein Park-and-Ride-System an. In Strasbourg empfehlen sich die drei Parkplätze entlang der Straßenbahnlinie als billige und bequeme Lösung (Auskunft beim Informationsbüro an der Grenze).

Trubel an der Weinstraße
Die Weinstraße gehört zu den Highlights eines Elsaß-Aufenthalts. In den Hauptferienmonaten kann ein Besuch allerdings zur Qual werden, besonders am Wochenende, wenn zahlreiche Ausflügler aus der Region für zusätzlichen Trubel sorgen.

Sprechen und Verstehen ganz einfach

Zur Erleichterung der Aussprache sind alle französischen Wörter mit einer einfachen Aussprache (in eckigen Klammern) versehen.

AUF EINEN BLICK

Ja./Nein.	Oui. [ui]/Non. [nong]
Vielleicht.	Peut-être [pöhtätr]
Bitte.	S'il vous plaît. [sil wu plä]
Danke.	Merci. [märsi]
Gern geschehen.	De rien. [dö rjäng]
Entschuldigen Sie!	Excusez-moi! [äksküseh mua]
Wie bitte?	Comment? [kommang]
Ich verstehe Sie/dich nicht.	Je ne comprends pas. [schön kongprang pa]
Ich spreche nur wenig Französisch.	Je parle un tout petit peu français. [schparl äng tu pti pöh frangsä]
Können Sie mir bitte helfen?	Vous pouvez m'aider, s.v.p.? [wu puweh mehdeh sil wu plä]
Sprechen Sie Deutsch/ Englisch?	Vous parlez allemand/anglais? [wu parleh almang/anglä]
Ich möchte ...	J'aimerais ... [schämrä]
Das gefällt mir nicht.	Ça ne me plaît pas. [san mö plä pa]
Haben Sie ...?	Vous avez ...? [wus‿aweh]
Wieviel kostet es?	Combien ça coûte? [kongbjäng sa kut]
Wieviel Uhr ist es?	Quelle heure est-il? [käl‿ör ät‿il]

KENNENLERNEN

Guten Morgen/Tag!	Bonjour! [bongschur]
Guten Abend!	Bonsoir! [bongsuar]
Hallo!/Grüß dich!	Salut! [salü]
Wie ist Ihr Name, bitte?	Comment vous appelez-vous? [kommang wus‿apleh wu]
Wie heißt du?	Comment tu t'appelles? [kommang tü tapäl]
Wie geht es Ihnen/dir?	Comment allez-vous/vas-tu? [kommangt‿aleh wu/wa tü]
Danke. Und Ihnen/dir?	Bien, merci. Et vous-même/toi? [bjäng märsi. eh wu mäm/tua]
Auf Wiedersehen!	Au revoir! [oh röwuar]
Tschüs!	Salut! [salü]

UNTERWEGS

Auskunft

links/rechts	à gauche [a gohsch]/à droite [a druat]
geradeaus	tout droit [tu drua]
nah/weit	près [prä]/loin [luäng]
Bitte, wo ist …?	Pardon, où se trouve …, s.v.p.? [pardong, us truw … sil wu plä]
Wie weit ist das?	C'est à combien de kilomètres d'ici? [sät‿a kongbjängd kilomätrö disi]
Welches ist der kürzeste Weg nach/zu …?	Quel est le chemin le plus court pour aller à …? [käl‿äl schömäng lö plü kur pur aleh a]

Panne

Ich habe eine Panne.	Je suis en panne. [schö süis‿ang pan]
Würden Sie mir bitte einen Abschleppwagen schicken?	Est-ce que vous pouvez m'envoyer une dépanneuse, s.v.p.? [äs‿kö wu puweh mangwuajeh ün dehpanöhs sil wu plä]
Gibt es hier in der Nähe eine Werkstatt?	Est-ce qu'il y a un garage près d'ici? [äs‿kil‿ja äng garasch prä disi]
… ist defekt.	… est défectueux. [… ä dehfäktüöh]

Tankstelle

Wo ist bitte die nächste Tankstelle?	Pardon, Mme/Mlle/M., où est la station-service la plus proche, s.v.p.? [pardong madam/madmuasäl/mösjöh u ä la stasjong särwis la plü prosch sil wu plä]
Ich möchte … Liter.	… litres, s'il vous plaît. [litrö sil wu plä]
Super.	Du super. [dü süpär]
Diesel.	Du gas-oil. [dü gasual]
bleifrei/mit … Oktan.	Du sans-plomb/… octanes. [dü sang plong/ … oktan]
Volltanken, bitte.	Le plein, s.v.p. [lö pläng sil wu plä]

Unfall

Hilfe!	Au secours! [oh skur]
Achtung!	Attention! [atangsjong]
Rufen Sie bitte schnell …	Appelez vite … [apleh wit]
… einen Krankenwagen.	… une ambulance. [ün‿angbülangs]
… die Polizei.	… la police. [la polis]
… die Feuerwehr.	… les pompiers. [leh pongpjeh]
Es war meine Schuld.	C'est moi qui suis en tort. [sä mua ki süis‿ang torr]
Es war Ihre Schuld.	C'est vous qui êtes en tort. [sä wu ki äts‿ang torr]
Geben Sie mir bitte Ihren Namen und Ihre Anschrift!	Vous pouvez me donner votre nom et votre adresse? [wu puweh mö donneh wottrö nong eh wottr‿adräs]

ESSEN/UNTERHALTUNG

Wo gibt es hier …	Vous pourriez m'indiquer… [wu purjeh mängdikeh]
… ein gutes Restaurant?	… un bon restaurant? [äng bong rästorang]
… ein nicht zu teures Restaurant?	… un restaurant pas trop cher? [äng rästorang pa troh schär]
Gibt es hier eine gemütliche Kneipe?	Y-a-t'il un café (bistrot) sympa, dans le coin? [jatihl äng kafeh (bistroh) sängpa dang lö kuäng]
Reservieren Sie uns bitte für heute abend einen Tisch für 4 Personen.	Je voudrais réserver une table pour ce soir, pour quatre personnes. [schwudrä räsehrweh ün tablö pur sö suar pur kat pärsonn]
Wo sind bitte die Toiletten?	Où sont les W.-C., s.v.p.? [u song leh wehseh sil wu plä]
Auf Ihr Wohl!	A votre santé!/A la vôtre! [a wottr sangteh/a la wohtr]
Bezahlen, bitte.	L'addition, s.v.p. [ladisjong sil wu plä]
Hat es geschmeckt?	C'était bon? [sehtä bong]
Das Essen war ausgezeichnet.	Le repas était excellent. [lö röpa ehtät‿äksälang]

ÜBERNACHTUNG

Können Sie mir bitte … empfehlen?	Pardon, Mme/Mlle/M., vous pourriez recommander …? [pardong madam/madmuasäl/mösjöh wu purjeh rökommangdeh]
… ein gutes Hotel	… un bon hôtel [äng bonn‿ohtäl]
… eine Pension	… une pension de famille [ün pangsjongd famij]
Haben Sie noch …?	Est-ce que vous avez encore …? [äs‿kö wus‿aweh angkorr]
… ein Einzelzimmer	… une chambre pour une personne [ün schangbr pur ün pärsonn]
… ein Zweibettzimmer	… une chambre pour deux personnes [ün schangbr pur döh pärsonn]
… mit Bad	… avec salle de bains [awäk sal dö bäng]
… für eine Nacht	… pour une nuit [pur ün nüi]
… für eine Woche	… pour une semaine [pur ün sömän]
Was kostet das Zimmer mit …	Quel est le prix de la chambre, … [käl‿ä lö prid la schangbr]
… Frühstück?	… petit déjeuner compris? [pti dehschöneh kongpri]
… Halbpension?	… en demi-pension? [ang dmi pangsjong]

Arzt

Können Sie mir einen guten Arzt empfehlen?	Vous pourriez recommander un bon médecin, s.v.p.? [wu purjeh rökommangdeh äng bong mehdsäng sil wu plä]
Ich habe hier Schmerzen.	J'ai mal ici. [scheh mal isi]

Bank

Wo ist hier bitte …	Pardon, je cherche … [pardong schö schärsch]
… eine Bank?	… une banque. [ün bangk]
… eine Wechselstube?	… un bureau de change. [äng bürohd schangsch]
Ich möchte … DM (Schilling, Schweizer Franken) in Francs wechseln.	Je voudrais changer … marks (schilling, francs suisses) en francs. [schwudrä schangscheh … mark (schiling, frang süis) ang frang]

Post

Was kostet …	Quel est le tarif pour affranchir … [käl‿ä lö tarif pur afrangschir]
… ein Brief …	… des lettres … [deh lätr]
… eine Postkarte …	… des cartes postales … [deh kart postal]
… nach Deutschland?	… pour l'Allemagne? [pur lalmanj]

Zahlen

0	zéro [sehroh]	20	vingt [wäng]
1	un, une [äng, ühn]	21	vingt et un, une [wängt‿eh äng, ühn]
2	deux [döh]		
3	trois [trua]	22	vingt-deux [wängt döh]
4	quatre [katr]	30	trente [trangt]
5	cinq [sängk]	40	quarante [karangt]
6	six [sis]	50	cinquante [sängkangt]
7	sept [sät]	60	soixante [suasangt]
8	huit [üit]	70	soixante-dix [suasangt dis]
9	neuf [nöf]	80	quatre-vingt [katrö wäng]
10	dix [dis]	90	quatre-vingt-dix [katrö wäng dis]
11	onze [ongs]		
12	douze [dus]	100	cent [sang]
13	treize [träs]	200	deux cents [döh sang]
14	quatorze [kators]	1000	mille [mil]
15	quinze [kängs]	2000	deux mille [döh mil]
16	seize [säs]	10000	dix mille [di mil]
17	dix-sept [disät]		
18	dix-huit [disüit]	1/2	un demi [äng dmi]
19	dix-neuf [disnöf]	1/4	un quart [äng kar]

Carte
Speisekarte

PETIT DEJEUNER	FRÜHSTÜCK
café noir [kafeh nuar]	schwarzer Kaffee
café au lait [kafeh oh lä]	Kaffee mit Milch
décaféiné [dehkafäineh]	koffeinfreier Kaffee
thé au lait/au citron [teh oh lä/oh sitrong]	Tee mit Milch/Zitrone
tisane [tisan]	Kräutertee
chocolat [schokola]	Schokolade
jus de fruit [schüd früi]	Fruchtsaft
œuf mollet [öf mollä]	weiches Ei
œufs brouillés [öh brujeh]	Rühreier
œufs au plat avec du lard [öh oh pla awäk dü lar]	Eier mit Speck
pain/petits pains/toast [päng/pti päng/tohst]	Brot/Brötchen/Toast
croissant [kruasang]	Hörnchen
beurre [bör]	Butter
fromage [frommasch]	Käse
charcuterie [scharkütri]	Wurst, Aufschnitt
saucisson [sohsisong]	Wurst
jambon [schangbong]	Schinken
miel [mjäl]	Honig
confiture [kongfitür]	Marmelade
yaourt [jaur]	Joghurt
fruits [früi]	Obst

SOUPES ET HORS-D'ŒUVRES	SUPPEN UND VORSPEISEN
bisque d'écrevisses [bisk dehkröwis]	Krebssuppe
consommé de poulet [kongsommehd pulä]	Hühnersuppe
crudités [krüditeh]	Rohkostteller
cuisses de grenouilles [küiss dö grönuij]	Froschschenkel
escargots [äskargoh]	Schnecken
foie gras [fua grah]	Stopfleber (Gans oder Ente)
pâté de campagne [patehd kangpanj]	Bauernpastete
pâté de foie [patehd fua]	Leberpastete
quenelles (de brochet) [könäll (dö broscheh)]	(Hecht-)Klößchen
saumon fumé [sohmong fümeh]	Räucherlachs
soupe à l'oignon [sup a luanjong]	Zwiebelsuppe

VIANDES	FLEISCH
agneau [anjoh]	Lammfleisch
bien cuit [bjäng küi]	durchgebraten
bifteck [biftäk]	Steak
bœuf [böf]	Rindfleisch
boudin [budäng]	Blutwurst
brochette [broschätt]	Spieß
choucroute garnie [schukrut garni]	Sauerkraut mit Fleisch und Würsten
côte de bœuf [koht dö böf]	Rindskotelett
escalope de veau [äskalopp dö woh]	Kalbschnitzel
filet de bœuf [filäd böf]	Rinderfilet
foie [fua]	Leber
gigot d'agneau [schigoh danjoh]	Lammkeule
grillades [grijad]	Grillplatte
jarret [scharreh]	Haxe
moelle [mual]	Mark
porc [porr]	Schweinefleisch
ris de veau [rih dö woh]	Kalbsbries
rognons [ronnjong]	Nieren
rôti [roti]	Braten
saignant [sängjang]	blutig
sauté de veau [sohtehd woh]	Kalbsragout
steak au poivre [stäk‿oh puawr]	Pfeffersteak
steak tartare [stäk tartar]	Tatar
tripes [trihp]	Kutteln
veau [woh]	Kalbfleisch

VOLAILLES ET GIBIER	GEFLÜGEL UND WILD
canard [kanar]	Ente
cuissot de chevreuil [küisohd schöwröj]	Rehkeule
coq au riesling [kokoh risling]	Hahn mit Riesling
lapin chasseur [lapäng schasör]	Kaninchen nach Jägerart
oie aux marrons [ua oh marong]	Gans mit Maronenfüllung
poulet rôti [puleh roti]	Brathähnchen
sanglier [sanglijeh]	Wildschwein

POISSONS, CRUSTACES ET COQUILLAGES	FISCHE, KRUSTEN- UND SCHALTIERE
carpe [karp]	Karpfen
matelote [matölott]	Ragout aus Süßwasserfischen
perche [pärsch]	Barsch
petite friture [pötit fritür]	gebratene kleine Fische
rouget [ruscheh]	Rotbarbe
sandre [sangdr]	Zander

sole [soll]	Seezunge
truite meunière [trüit möhnjär]	Forelle Müllerin
turbot [türboh]	Steinbutt
crevettes [kröwät]	Garnelen, Krabben
homard [ommar]	Hummer
huîtres [üitr]	Austern
moules [mul]	Miesmuscheln
plateau de fruits de mer [platoh dö früi dö mär]	Meeresfrüchteplatte

LEGUMES/PATES/RIZ — GEMÜSE/TEIGWAREN/REIS

ail [aij]	Knoblauch
artichaut [artischoh]	Artischocke
asperges [aspärsch]	Spargel
cèpes [sähp]	Steinpilze
choucroute [schukrut]	Sauerkraut
chou farci [schu farsi]	Kohlroulade
chou-fleur [schuflör]	Blumenkohl
épinards [ehpinar]	Spinat
frites [friht]	Pommes frites
girolles [schiroll]	Pfifferlinge
haricots (verts) [arikoh (währ)]	(grüne) Bohnen
lentilles [langtij]	Linsen
nouilles [nuj]	Nudeln
oignons [uanjong]	Zwiebeln
petits pois [pti pua]	Erbsen
poireaux [puaroh]	Lauch
poivrons [puawrong]	Paprika
pommes dauphine/duchesse [pom dohfin/düschäs]	Kartoffelkroketten
pommes de terre [pomm dö tähr]	Kartoffeln
pommes de terre sautées [pom dö tär sohteh]	Bratkartoffeln
pommes natures [pomm natür]	Salzkartoffeln
tomates [tomat]	Tomaten

DESSERTS ET FROMAGES — NACHSPEISEN UND KÄSE

flan [flang]	Karamelpudding
fromage blanc [frommasch blang]	feiner Quark
fromage de chèvre [frommasch dö schäwr]	Ziegenkäse
gâteau [gatoh]	Kuchen
glace [glas]	Eis
parfait [parfä]	Halbgefrorenes
pâtisserie maison [patisri mäsong]	Gebäck nach Art des Hauses
sorbet [sorbeh]	Fruchteis
tarte aux pommes [tart oh pomm]	Apfelkuchen

FRUITS	OBST
abricots [abrikoh]	Aprikosen
cerises [söris]	Kirschen
fraises [fräs]	Erdbeeren
framboises [frangbuas]	Himbeeren
macédoine de fruits [masehduan dö früi]	Fruchtsalat
myrtilles [mürtij]	Heidelbeeren
pêches [päsch]	Pfirsiche
poires [puar]	Birnen
pommes [pomm]	Äpfel
prunes [prün]	Pflaumen
raisin [räsäng]	Trauben

Liste des Consommations

Getränkekarte

VIN	WEIN
un (verre de vin) rouge [äng (wär dö wäng) rusch]	ein Glas Rotwein
un quart de vin blanc [äng kar dö wäng blang]	ein Viertel Weißwein
un pichet de rosé [äng pischäd rohseh]	ein Krug (20 bis 50 cl) Roséwein
vendange tardive [wangdangsch tardiw]	Spätlese

BIERE	BIER
bière pression [bjär presjong]	Bier vom Faß
blonde [blongd] ~	~ helles
brune [brühn] ~	~ dunkles
bière bouteille [bjär butäj]	Flaschenbier
panaché [panascheh]	Bier mit Limonade

SANS ALCOOL	ALKOHOLFREI
bière sans alcool [bjär sangs‿alkol]	alkoholfreies Bier
eau minérale [oh minehral]	Mineralwasser
jus de fruits [schüd früi]	Fruchtsaft
jus d'orange [schü dorangsch]	Orangensaft
lait [lä]	Milch
limonade [limonad]	Limonade

Reiseatlas Elsaß

Die Seiteneinteilung für den Reiseatlas finden Sie auf dem hinteren Umschlag dieses Reiseführers

A
B
C
1
2
3
4
5
6
2km
Morainville Ferme
Brandelfing Ferme
Bettviller
Kapellenhof
Hottviller
Schorbach
Guising
Hoelling
Kleinmuhle
Judenhof
Simserhof
Circuit Touristique Franco-Allemand
Citadelle
Gros Rederching
Olferding Ferme
33
Petit-Rederching
Holbach
Freudenberg
Bitche
Welschhof
Rohrbach-lès-Bitche
357
Meyerhof
N 62
Siersthal
Reyersviller
Singling
Bining
Loux
Heiligenbronn Ferme
Lambach
Glasenberg
Schwangerbach
Etting
D 35
Enchenberg
Forêt Domaniale de Lemberg
Mohrenhof
Altkirch Chapelle
Janau Ferme
302
Guisberg
Lemberg
Schmittviller
Metschbruch
Montbronn
D 36
Martea
Rahling
le Petersbach
Ziegelhutte
Forêt de Lemberg
Forêt de Saint Louis
Saint-Louis-lès-Bitche
Jockelshof
Mouterhouse
Goetzenbruck
Schieresthal
Sarreinsberg
D 8
Butten
Speckbronn
Meisenthal
le Kalkberg
300
Ziegelhof
Schleifmuhle
Neubau
Neudorf
Soucht
Althorn
Pierre des 12 Apôtres
Ratzwiller
Circuit des Vosges du Nord
Volksberg
Roesert
Huhnerscherr
Kohlhutte
Diemeringen
des Vosges du Nord
Forêt Domaniale de la
Rosteig
Hochberg
Heideneck
370
Wingen-sur-Moder
Waldhambach
34
Johannesberg
Weislingerhof
Ruine Romaine
D 919
Weislingen
Frohmuhl
Puberg
Petite Pierre Nord
Wimmenau
Hinsbourg
Tieffenbach
Zittersheim
Adamswiller
Moderfeld
Struth
le Grand Kuhberg
388
Forêt de la Petite Pierre Sud
Durstel
Circuit Touristique Franco-Allemand
Bettwiller
Asswiller
Erckartswiller
Gungwiller
Petersbach
Sparsbach
Drulingen
Ottwiller
D 9
la Petite Pierre
Forêt Domaniale
GR532
GR531
Lohr
Weiterswiller
Johannisthal
Imsthal
Boxmuhle
Siewiller
le Grunkopf
418
Veckersviller
Château de Hunebourg
Fullengarten
Château de Herrenstein
Schœnbourg
Forêt Domaniale de Bouxwiller
Neuwiller-lès-Saverne
24
Bust
Grentzhof
289
Graufthal
Schalbach
Eschbourg
Dossenheim-sur-Zinsel
Metting
Hangviller
Oberhof
N 61
Pfalzweyer
Hattmatt
Berling
Bois de Steinbourg
Ernolsheim-lès-Saverne
Fleisheim
Vescheim
Vilsberg
la Zinsel du Sud
Hochbruck
Buechelberg
Chapelle Saint Michel
Wintersbourg
Zilling
Phalsbourg
Saint-Jean-Saverne
Saverne
Hérange
112
Eckartswiller
Bourscheid
Maisons Rouges
Danne-et-Quatre-Vents
N 4
Col de Saverne
Monswiller
Brouviller
Saint-Jean-Kourtzerode
Ottersthal

D
E
F
Petersbächel
Gebüg
Ruine Blumenstein
Brémen-Telle
Schaafbrunn
Quartier Pagezy
Sturzelbronn
Château du Wasigenstein
Château du Petit Arnsbourg
Col du Goetzenbruck
Camp de Bitche
Forêt Domaniale de Sturzelbronn
la Hardt
Château de Lutzelhardt
Obersteinbach
Route des Potiers et des Villages Pittoresques
Niedersteinbach
Neudoerfel
Forêt de Château de Schœneck
le Mohnenberg
Eguelshardt
le Schwartzbach
Ruisseau
Neunhoffen
Château de Wineck
Château de Waldeck
Waldeck
Parc Naturel Régional
Dambach
Étang de Hanau
Château de Windstein
Château de Falkenstein
Wineckerthal
Nagelsthal
Windstein
Château Neuf
Bellerstein
Bannstein
Forêt Domaniale
N 62
Lieschbach
Circuit Touristique Franco-Allemand
Querbergkopf
Fourneau Neuf
Fischerhof
Mambach
Welschhof
Rosselhof
Ramstein
Philippsbourg
le Grand Wintersberg
Jaegerthal
Judenberg
Thalhauseln
Baerenthal
Risackerhof
Petit-Marteau
Gehrhardt
Linienhausen
Leitzeilthal
de Hanau
Ruisseau de Falkenstein
Nehwiller
Melch
Château d'Arnsbourg
Château de Wasenbourg
le Wasenkoepfel
Niederbronn-les-Bains
Obermuhlthal
Deutschld.
Frœschwiller
Untermuhlthal
Forêt de Falkenstein
D 28
Mémorial de la Bataille de Reichshoffen
Oberbronn-Zinswiller
la Zinsel du Nord Ruisseau
Reichshoffen
Saegmuhle
Nord
Napoléon
Zinswiller
Picardie
Château Lichtenberg
Hochfirst
Schirlenhof
Champagne
Offwiller
Lauterbacherhof
Ingelshof
Circuit Touristique Franco-Allemand
Gundershoffen
Rothbach
Gumbrechtshoffen
Forstheim
les Platanes
Bischholtz
Uttenhoffen
Griesbach
D 919
Engwiller
Laubach
Muhlhausen
le Rothbach
Uhrwiller
Mietesheim
Ingwiller
Schillersdorf
Nieffern
Mertzwiller
Muenchhausen
Murbruch
Kindwiller
Bitschhoffen
D 6
Menchhoffen
Zutzendorf
la Walck
Uberach
Obermodern-Zutzendorf
la Moder
Uttwiller
Niedermodern
Neubourg
D 919
Obermodern
Pfaffenhoffen
Dauendorf
Schalkendorf
Circuit des Vosges du Nord
Uhlwiller
Bouxwiller
Ringeldorf
Morschwiller
Buswiller
la Reith
Grassendorf
Niederaltdorf
Kirrwiller-Bosselshausen
Ringendorf
Keffendorf
Riedheim
Ettendorf
D 419
Huttendorf
Bosselshausen
Issenhausen
Berstheim
Altdorf
Imbsheim
Alteckendorf
Zœbersdorf
Lixhausen
Printzheim
Wittersheim
D 7
Eckendorf
Minversheim
Batzendorf
Geiswiller
Bossendorf
Hochfelden
Wickersheim-Wilshausen
Hochstett
Circuit Touristique Franco-Allemand
Autoroute de l'Est
Gottesheim
Wilshausen
Wahlenheim
Rosenwiller
Mommenheim
Scherlenheim
Hochfelden
Bernolsheim
D 421
Melsheim
Dettwiller
Wilwisheim
Schwindratzheim
Waltenheim-sur-Zorn
la Zorn
Canal de la Marne
Krautwiller

114

Petersbächel
Schönau
Gebüg
Ruine Blumenstein
Wengelsbach
Hirschthal
Ruine Wegelnburg
Nothweiler
Schaubergwerk
Château de Hohenbourg
Col de Litschhof
Gimbelhof
Château de Fleckenstein
Château du Wasigenstein
Château du Petit Arnsbourg
Col du Goetzenberg
Obersteinbach
Château de Froensbourg
Ferme du Froensbourg
Niedersteinbach
Wingen
Petit Wingen
Château de Vogelsberg
Weiler
Wissen
Circuit Touristique Franco-Allemand
Col du Pigeonnier
Climbach
Oberhoffen les Wissembourg
Lauter
le Mohnenberg
Château de Wineck
Disteldorf
Lembach
Régional
Pfaffenbronn
Ligne Maginot
Stein
Cleebourg
Château de Windstein
Verrerie Château
Nagelsthal
Windstein
Château Neuf
la Verrerie Château
Mattstall
le Langenberg
Hochwald
Drachenbronn
Route des Potiers et des Villages
Drachenbronn-Birlenbach
Birlenbach
Welschhof
Keffenach
Jaegerthal
Judenberg
Langensoultzbach
Lobsann
Memmelshoffen
Risackerhof
Linienhausen
Nehwiller
Mitschdorf
Lampertsloch
Meisenthal
Retschwiller
Niederbronn-les Bains
Goersdorf
Preuschdorf
Kutzenhausen le Haut
Soultz-sous-Forêts
Deutschhof
Froeschwiller
Dieffenbach les Woerth
Merkwiller-Pechelbronn
Woerth
Memorial de la Bataille de Reichshoffen
Oberdorf-Spachbach
Kutzenhausen
Reichshoffen
Oberdorf
Hoelschloch
Surbourg
Reimerswiller
Gunstett
Schirlenhof
Eberbach
Betsch
Ingelshof
Morsbronn-les Bains
Schwabwiller
Biblisheim
Gundershoffen
Forstheim
Durrenbach
la Sauer Rivière
Steinmuhle
les Platanes
Hegeney
Hinterfeld
Griesbach
Walbourg
Halbmuhlbach
Laubach
Route des Potiers et des Villages Pittoresques
Laubacherhof
Eschbach
Mertzwiller
Muenchhof
Murbruch
Forêt de Hag
Circuit Touristique Franco-Allemand
Ferme des Anabaptistes
Densch Ferme
Neubourg
la Moder Rivière
Hundshof
Dauendorf
Schweighouse-sur-Moder
Saint Nicolas
Marxenhouse
HAGUENAU
Uhlwiller
Saint Georges
Morschwiller
Musée d'Alsace
Niederaltdorf
Ohlungen
Schneckenfeld
Keffendorf
Musau
Quartier Estienne
Berstheim
Wintershouse
Harthouse
Kaltenhouse
Wittersheim
Marienthal
Batzendorf
Niederschaeffolsheim
Hochstett
Bischwiller
Birckwald
Wahlenheim
Kriegsheim
Gries
Hanhoffen
Bernolsheim
Rottelsheim
Zwellweg
Krautwiller
Kurtzenhouse
Route des Potiers et des Villages Pittoresques
Canal de la Marne
D 3
D 27
D 28
D 263
N 62
N 63
D 919
D 419
D 29
D 44
D 421
D 37
114

D
E
F
2km
Steinfeld
Kapsweyer
Schweigen-
Weintor
Windhof
Schweighofen
Altenstadt
Unterer
Mundat-Wald
B i e n w a l d
Heilbach
BÜCHELBERG
la Lauter Rivière
D 3
Bienwaldmühle
Lauter
Château de Geisberg
Obere Ringgasse
Untere Ringgasse
Scheibenhardt
Neulauterburg
Oberdorf
Geitershof
Schleithal
Scheibenhard
Salmbach
Niederlauterbach
Lauterbourg
Frohnackerhof
Seebach
Route du Rhin
D 34
Siegen
Neuwiller-près Lauterbourg
Circuit Touristique Franco-Allemand
Niederseebach
Oberlauterbach
N 63
Mothern
Keidenbourg
Wintzenbach
A 35
Trimbach
Aschbach
Hoffen
Stundwiller
Croettwiller
Eberbach-Seltz
Munchhausen
le Rhin Fleuve
Leiterswiller
Oberrœdern
Schaffhouse
Schaffhouse-près Seltz
Kuhlendorf
Buhl
Niederrœdern
Stein-mauern
le Seltzbach
Niedersand
Rittershoffen
Hatten
Seltz
Niederbetschdorf
Forêt de Hatten
PLITTERSDORF
RASTATT
Route des Potiers et des Villages Pittoresques
Kesseldorf
Forêt d'Aschbruch
Neuf Beinheim
Beinheim
OTTERSDF.
WINTERS-DORF
Forstfeld
Kœnigsbrück
Kauffenheim
Leutenheim
H a g e n a u
Roppenheim
D 4
D 468
Rœschwoog
Pferderenn-bahn
Staustufe Iffezheim
Neuhaeusel
Iffezheim
Soufflenheim
Rountzenheim
Auenheim
AB-Kapelle
D 37
la Moder Rivière
Fort-Louis
Sessenheim
Hügelsheim
Schirrhoffen
Stattmatten
Kleinkanada
Bois de Soufflenheim
Dengelsheim
Söllingen
DEUTSCHL.
Kartung
Dalhunden
Schiftung
Sinzheim
Rhein
Rhein-münster
Drusenheim
Stollhofen
Sulzbach
Leiber-stung
WEITENUNG
Greffern
Klosterkirche
Schwarzach
Elzhofen
Ottenhofen
GRAUELS-BAUM
LICHTENA
OBERBRUCH
STEINBACH
Herrlisheim
VIMBUCH
EISENTAL
Bühl
115

108
116
A
B
C
1
3
4
5
6
14
2km
Deutschland
Hellering-lès-Fénétrange
Bickenholtz
Berling
Vilsberg
Oberstinzel
Gœrlingen
Fleisheim
Vescheim
Buechelberg
Hochbruck
Phalsbourg
Wintersbourg
Zilling
Vieux-Lixheim
Hérange
Mittelbronn
les Quatre Vents
Hilbesheim
Lixheim
Bourscheid
Brouviller
Maisons Rouges
Phalsbourg
(330)
Sarraltroff
Etang de la Tuilerie
Saint-Jean-Kourtzerode
D 38
D 43
Réding
Waltembourg
Grand Eich
la Cité
Hommarting Poste
347
Dannelbourg
Trois Maisons
Lutzelbourg
Hoff
Henridorff
Sarrebourg
Zinswald Château
Hommarting
397
Eglise des Cordeliers
Canal de la Marne au Rhin
Hultehouse
(250)
Buhl-Lorraine
Tunnel d'Arzviller
Écluse
Arzviller
255
Vieux Moulin
Saint-Louis
Garrebourg
Niderviller
Guntzviller
Forêt Domaniale de Phalsbourg
Mueckenhof
Schneckenbusch
D 45
D 44
Brouderdorff
Vallée de la Zorn
Jaune Rivière
Hesse
Plaine-de-Walsch
Hellert
Ober-Heidt
Haselbourg
Reinhardsmu
Forêt Domaniale de Hesse
Deutschld.
Vallerysthal
Sitifort
Laschbach
Kuhbergkopf
la Hommert
Zorn
587
Petit-Hartzviller
Quinguette
Schaeferhof
Forêt
Hartzviller
Troisfontaines
Harreberg
Rothenbuhl
Nitting
le Grand Ballerstein
Biberkirch
France
Dabo
(450)
la Hoube
Zollstock
Chapelle
Haute Gueisse
Walscheid
Voyer
Rocher de Dabo
du Saint Léon
D 45
Cubolot
la Valette
Fischbachberg
Rond Pré
Deutschland
Saint Léon
530
Domaniale
Engent
282
Abreschviller
Marcarerie
(290)
Eigenthal
Beimbach
Wangenbourg-Engenthal
Heille
563
Vasperviller
Ligne Touristique
Grand Soldat
le Hohwalsch
Forêt Domaniale d'Abreschviller
Lettenbach
le Feuerstein
665
de Dabo
le Schnee
Saint-Quirin
le Grand Romelstein
543
Lafrimbolle
D 993
Deutschland
le Ru des Dames
467
la Tête du Calice
602
Tête du Noll
778
Roche des Fées
la Sarre Rouge Rivière
Prévent de Gensbourg
Saussenrupt
la Sarre Blanche Rivière
A travers le M
Ricarville
D 44
Rocher de Mutzig
902
Forêt Domaniale Lutzelhouse
1010
Turquestein-Blancrupt
619
la Large Pierre
710
D 993
Petit Blanc Rupf
Forêt Communale de Wisches
Lutzelhouse
le Donon
Netzenbach
Chapelle de Ton
Raon-lès-Leau
1008
Wisches
Raon-sur-Plaine
Col du Donon
727
France
Hersbach
Forêt Domaniale de Bousson
France
les Minières
631
la Gosse
Russ
le Taurupt
le Halbach
Luvigny
Grandfontaine
Wackenbach
Schirmeck
Much
Framont
D 392
Vexaincourt
Vacquenoux
Barembach
Allarmont
Fréconrupt
le Haut Fourneau
la Broque
Deutschland
Vioucelle
des Bois

109
118
D
E
F
Hattmatt
Bois de Steinbourg
Ernolsheim-lès-Saverne
Circuit Touristique Franco-Allemand
Geiswiller
Wickersheim-Wilshausen
Wilshausen
Bossendorf
Autoroute de l'Est
Gottesheim
Chapelle Saint Michel
Saint-Jean-Saverne
Saverne
Rosenwiller
Scherlenheim
Hochfelden
Steinbourg
Melsheim
Eckartswiller
la Zorn
Dettwiller
Col de Saverne
Monswiller
Wilwisheim
Ottersthal
Saut du Prince Charles
Jardin Botanique
Saverne
Deutschld. (210)
Lupstein
Ingenheim
Waldolwisheim
Littenheim
Schaffhouse sur-Zorn
Griffon
Gingsheim
Château du Haut Barr
Otterswiller
Furchhausen
Altenheim
240
Duntzenheim
Gottenhouse
Haegen
Schwenheim
Friedolsheim
Saessolsheim
Rohr
Thal Marmoutier
Wolschheim
Maennolsheim
Kleingœft
Schwebwiller
Sindelsberg
235
Lochwiller
Westhouse Marmoutier
Landersheim
le Rohrbach
Marmoutier
Saint Maurits
Reutenbourg
Durningen
(230)
Couvent de Reinacker
Knœrsheim
Zeinheim
Wœllenheim
Willgottheim
Avenheim
Dimbsthal
Singrist
Jetterswiller
Zehnacker
Mittelkurtz
301
Kleinfrankenheim
Rangen
Neugartheim
Salenthal
Crastatt
Hohengœft
Wintzenheim-Kochersberg
Ittlenheim
Allenwiller
397
la Souffel
Birkenwald
Romanswiller
Gœftberg
Osterfeld
Kuttolsheim
Nordheim
Fessenheim-le Bas
la Blanchisserie
Wasselonne
477
(200)
Marlenheim
Mossig Ruisseau
Cosswiller
Brechlingen
Diebach
Wangen
199
Furdenheim
Wangenbourg
le Sathbach
Kirchheim
Handschuheim
Forêt de la Ville de Strasbourg
le Seelenberg
323
Odratzheim
Wolfsthal
Westhoffen
Forêt de Westhoffen
Scharrachbergheim-Irmstett
Traenheim
Irmstett
Dahlenheim
Breuschwickersheim
Balbronn
Bergbieten
Domaniale de Haslach
Ergersheim
Flexbourg
le Canal
Nideck
Mullerhof
Dangolsheim
Soultz-les-Bains
Wolxheim
Château de Turckheim
656
Avolsheim
Saint Pierre
Dachstein
Rocher du Pfaffenlapp
Route du Vin
Molsheim
644
Ringelsberg
Dachstein-Gare
Chapelle Saint Florentin
Dinsheim
Hôtel de Ville
(200)
Jaegerhof
Oberhaslach
Still
Mutzig
Niederhaslach
Saint Florentin
Heiligenberg
Duttlenheim
Saint Jean
Château
Altorf
Urmatt
Gresswiller
Hermolsheim
Dorlisheim
le Katzenberg
371
Château Mullerhof
Forêt de Guirbaden
la Bruche Ruisseau
Rosenwiller
Griesheim-pres-Molsheim
Muhlbach
Mollkirch
Rosheim
le Rosenmeer Ruisseau
Meyerhof
Laubenheim
Saint Pierre et Paul
Bachmatten Ferme
Chapelle Saint Valentin
Château de Guirbaden
Bischoffsheim
Schirmeck
la Magel Ruisseau
361
France
Signal de Grendelbuch
Forêt de Rosheim
Bœrsch
le Bischenberg
Heidenkopf
287
Klingenthal
Oberkirch Château
Ligne touristique
Château Koepfels
(181)
Obernai
Neuenmatten
N 404
N 4
N 420
N 422
D 6
D 7
D 25
D 30
D 41
D 45
D 67
D 75
D 132
D 218
D 228
D 421
D 422
D 500

109
Wickersheim-Wilshausen
Wilshausen
Eckendorf
Minversheim
Wittersheim
Batzendorf
Niederschaeffolsheim
Hochfelden
Hochstett
Wahlenheim
Kriegsheim
Mommenheim
Bernolsheim
Rottelsheim
Weitbruch
Melsheim
Schwindratzheim
Brumath-Nord
Wilwisheim
Waltenheim-sur-Zorn
Krautwiller
Canal de la Marne au Rhin
Brumath
Mutzenhouse
Ingenheim
Schaffhouse sur-Zorn
Hohfrankenheim
Wingersheim
Stephansfeld
Brumath-Sud
la Zorn Rivière
Gingsheim
Hohatzenheim
Donnenheim
Bilwisheim
Duntzenheim
Mittelhausen
Mittelschaeffolsheim
Gougenheim
Gimbrett
Saessolsheim
Rohr
Rumersheim
Olwisheim
Huneberg
Kienheim
Eckwersheim
Bois de Geudertheim
Berstett
Reitwiller
Vendenheim
Durningen
le Rohrbach
Wœllenheim
Willgottheim
Avenheim
Sonnenberg
Sainte Trinité Chapelle
Pfettisheim
Kleinfrankenheim
Neugartheim
Truchtersheim
Lampertheim
Schnersheim
le Kolbsenbach
-Ittlenheim
le Leisbach
Pfulgriesheim
Reichstett
Souffelweyersheim
Circuit des Vosges du Nord
Behlenheim
Mundolsheim
Kuttolsheim
Wiwersheim
Griesheim-sur-Souffel
Nordheim
Dossenheim-Kochersberg
Offenheim
Niederhausbergen
Fessenheim-le Bas
Quatzenheim
Stutzheim-Offenheim
Dingsheim
Hoenheim
Mittelhausbergen
Furdenheim
Hurtigheim
Ittenheim
Oberhausbergen
Cronenbourg
Kirchheim
Handschuheim
Circuit Touristique Franco-Allemand
Wolfisheim
Centre Sportif
Scharrachbergheim-Irmstett
Oberschaeffolsheim
Osthoffen
Achenheim
Eckbolsheim
Hautepierre
Dahlenheim
Breuschwickersheim
ACN
Porte Blanche
STRASBOURG
Ergersheim
Rœthig
Canal de la Bruche
Ernolsheim-Bruche
Hangenbieten
Holtzheim
Ostwald
Wolxheim
Château de Turckheim
Kolbsheim
la Bruche
Lingolsheim
Saint Pierre
Dachstein
Dachstein-Gare
Aéroport de Strasbourg-Entzheim
Jaegerhof
Duppigheim
Entzheim
Geispolsheim
Duttlenheim
Saint Jean Château
Altorf
Illkirch-Graffenstaden
Geispolsheim
l'Altbach
Blaesheim
Griesheim-près-Molsheim
Wolffs Chapelle
Eschau
Innenheim
Lipsheim
le Rosenmeer Ruisseau
A travers les Vosges Moyennes
Fegersheim
Ohnheim
Krautergersheim
Ichtratzheim
Wibolsheim
Hipsheim
Hindisheim
Saint Ludan
Kempferhof
Notre-Dame du Chêne
Route du Rhin
l'Andlau Ruisseau
2km
118
Ploerlen
Thumenau

111

D
E
F
Bischwiller
Gries
Hanhoffen
Rohrwiller
Raffinerie
Drusenheim
Greffern
Rheinmünster
Schwarzach
GRAUELS-BAUM
LICHTENAU
ULM
Hildmannsfd.
MOOS
Kurtzenhouse
Route des Potiers et des Villages Pittoresques
Herrlisheim
Weyersheim
Offendorf
SCHERZHEIM
HELMLINGEN
MUCKENSCHOPF
Unzhurst
Gambsheim
Route du Rhin
Hœrdt
Bettenhoffen
Kilstett
MEMPRECHTS-HOFEN
GAMS-HURST
Michelbuch
Litz-loch
la Wantzenau
RHEINAU
FREISTETT
RHEIN-BISCHOFSHEIM
DIERSHEIM
HONAU
HAUSGEREUT
HOHBÜHN
Deutsch-Französische Touristikroute
Achern
ACHERN
WAGSHURST
FAUTEN
Wœrthel
LEUTESHEIM
LINX
HOLZHSN.
Hœnheim
ZIEROLSHOFEN
AUENHEIM
BODERSWEIER
Kammbach
RENCHEN
QUERBACH
KEHL
DEUTSCHLAND
NEUMÜHL
Legelshurst
Urloffen
ERLACH
STADELHFN.
ZUSENHFN.
Europabrücke
SUNDHEIM
KORK
ODELSHFN.
Neusand
Appenweier
NUSSBACH
Sand
Willstätt
Kinzig
Nesselried
Sankt Wendelin
Eckartsweier
WIND-SCHLÄG
Marlen
Hesselhurst
GRIESHEIM
Ebersweier
Wiedergrün
BOHLSBACH
Stöcken
GOLDSCHEUER
Rhein
WEIER
Durbach
Staustufe Strasbourg
Kittersburg
HOHN-HURST
Im Gottwald
BÜHL
RAMMERS-WEIER
Vollmersbach
WALTERS-WEIER
Lautenbach
Hasengrund
Riedle
ZELL-WEIERBACH
Albersbach
Rathaus
Langhurst
Müllen
Altenheim
Offenburg
OFFENBG.
Schutterwald
EESSEN-BACH
ADAC
Käfersbg.
Hinterohlsbach
Ortenberg
Neuried
HILD-BOLTS-WEIER
Schloß
Nothalde
Büchen
Schlauch
Dundenheim
ELGERSWEIER
Ebersweier

119

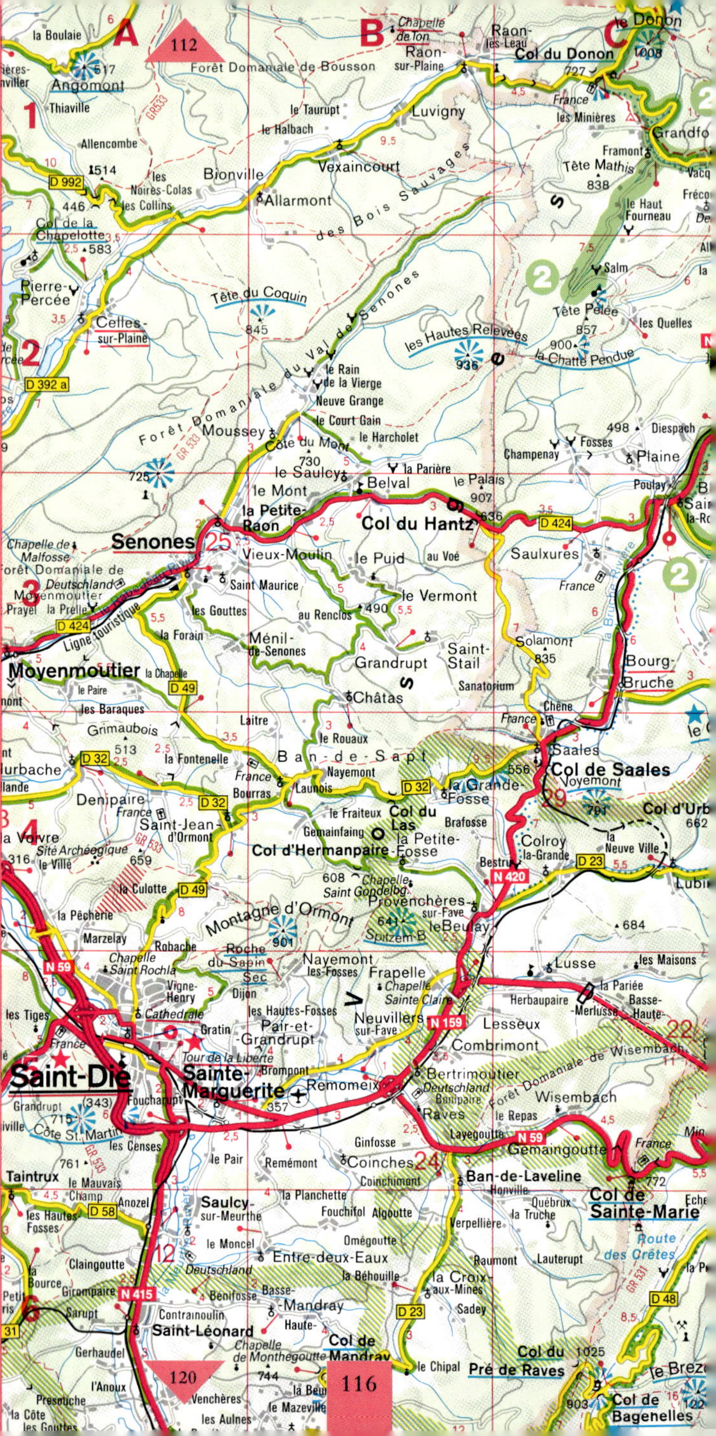
A
B
C
112
1
2
3
4
la Boulaie
Angomont
517
Thiaville
Forêt Domaniale de Bousson
Chapelle de Ton
Raon-sur-Plaine
Raon-les-Leau
Col du Donon
le Donon
1008
727
France
les Minières
Grandfontaine
Framont
Tête Mathis
838
le Haut Fourneau
Salm
Tête Pelée
857
les Quelles
le Taurupt
le Halbach
Luvigny
Vexaincourt
Allencombe
Bionville
Allarmont
D 992
514
les Noires-Colas
les Collins
446
Col de la Chapelotte
583
Pierre-Percée
Celles-sur-Plaine
D 392 a
des Bois Sauvages
Tête du Coquin
845
Forêt Domaniale du Val de Senones
les Hautes Relevées
936
900
la Chatte Pendue
le Rain de la Vierge
Neuve Grange
le Court Gain
le Harcholet
Moussey
Côte du Mont
730
le Saulcy
la Parière
Belval
le Palais
907
636
498
Diespach
Fosses
Champenay
Plaine
Poulay
725
le Mont
la Petite-Raon
Col du Hantz
D 424
Senones
Chapelle de Malfosse
Forêt Domaniale de Deutschland
Vieux-Moulin
le Puid
au Voé
Saulxures
France
Moyenmoutier
Prayel
la Prelle
Saint Maurice
le Vermont
490
les Gouttes
au Renclos
Ligne touristique
D 424
la Forain
Ménil-de-Senones
Grandrupt
Saint-Stail
Solamont
835
Bourg-Bruche
Moyenmoutier
la Chapelle
D 49
le Paire
les Baraques
Châtas
Sanatorium
Chêne
France
Grimaubois
513
Laitre
le Rouaux
Saales
Col de Saales
Voyemont
556
791
D 32
la Fontenelle
Ban-de-Sapt
Nayemont
Denipaire
France
Bourras
Launois
D 32
la Grande-Fosse
Saint-Jean-d'Ormont
le Fraiteux
Col du Las
Brafosse
Colroy la-Grande
la Neuve Ville
Col d'Urbeis
662
la Voivre
Site Archéologique
316
le Villé
659
Gemainfaing
Col d'Hermanpaire
la Petite-Fosse
Bestru
D 23
N 420
608
Chapelle Saint Gondelbert
la Culotte
D 49
Provenchères-sur-Fave
684
la Pêcherie
Montagne d'Ormont
641
leBeulay
Spitzem-B
Marzelay
901
Robache
Roche du Sapin Sec
Nayemont les-Fosses
Lusse
les Maisons
N 59
Chapelle Saint Rochla
Vigne-Henry
Dijon
Frapelle
Chapelle Sainte Claire
Herbaupaire
la Pariée
Basse-Merlusse
Haute-
les Tiges
Cathédrale
Gratin
les Hautes-Fosses
Pair-et-Grandrupt
Neuvillers sur-Fave
N 159
Lesseux
Combrimont
France
Tour de la Liberté
Saint-Dié
Sainte-Marguerite
Brompont
Remomeix
Bertrimoutier
Deutschland
Banipaire
Forêt Domaniale de Wisembach
Wisembach
Grandrupt
(343)
715
Foucharupt
357
Raves
le Repas
Côte St. Martin
les Censes
2,5
Ginfosse
Layegoutte
N 59
Gemaingoutte
France
761
le Pair
Remémont
Coinches
Coinchimont
Ban-de-Laveline
Honville
772
Taintrux
le Mauvais Champ
Anozel
Saulcy-sur-Meurthe
la Planchette
Fouchifol
Algoutte
Verpellière
Québrux
la Truche
Col de Sainte-Marie
les Hautes-Fosses
D 58
Route des Crêtes
le Moncel
Omégoutte
Entre-deux-Eaux
Raumont
Lauterupt
Claingoutte
Deutschland
la Béhouille
la Bource
Giropaire
N 415
Bénifosse
Basse-Mandray
la Croix-aux-Mines
Sarupt
Contramoulin
Haute-
D 23
Sadey
D 48
Saint-Léonard
Chapelle de Monthégoutte
Col de Mandray
Gerhaudel
120
744
le Chipal
Col du Pré de Raves
1025
le Brezouard
l'Anoux
Presouche
Venchères
la Beurée
le Mazeville
903
Col de Bagenelles
1122
la Côte
les Gouttes
les Aulnes
GR 533
GR 531

113
2km
D
E
F
Netzenbach
Wisches
Muhlbach
Guirbaden
Mollkirch
Rosheim
Bischoffsheim
Schwatzbach
Bachmatten Ferme
Chapelle Saint Valentin
Château de Guirbaden
Meyerhof
Hersbach
Russ
Grendelbruch
la Magel Ruisseau
la Gosse
Muckenbach
Signal de Grendelbuch
Forêt de Rosheim
Heidenkopf
Klingenthal
Bœrsch
Schirmeck
Barembach
Saint Léonard
la Broque
Château Koepfels
Château d'Ottrott
Ligne touristique
Obernai
Neuenmatten
Ancien Camp du Struthof
Ottrott
Rothau
Route des Vosges
Saint Gorgon
Hagelschloß
Bernhardswiller
Saint Nabor
Kagenfels Château
Kreuzberg
D 426
Dreystein
Sainte Odile
Goxwiller
Neuviller-la-Roche
Natzwiller
Sainte-Odile
Truttenhausen Château
Heiligenstein
la Haute Goutte
Riangoutte
Wildersbach
Forêt d'Obernai-Bernardswiller
de Neuntelstm.
Birkenfels
Château de Landsberg
des Bas
Solbach
Haut Sommerhof Ruinées
Neuntelstein
Cascades de la Serva
le Rosskopf
Forêt de Barr
Barr
le Beau Lieu
le Ban de la Roche
la Kirneck Ruisseau
le Hohwald
Belmont
la Hutte
Château de Spesbourg
Château d'Andlau
Sperberbaechel
Mittelbergheim
Freudeneck
Bellefosse
Champ du Feu
Witterthalhof
Lassuchette
D 425
Andlau
Grande Belle Vue
Eichhoffen
Chapelle Saint André
Forêt d'Andlau
Col de la Charbonnière
Col du Kreuzweg
Heidenkopf
Fonrupt
Deutschland
le Haut Village
Bernardville
Reichsfeld
D 253
Ungersberg
Itterswiller
Epfig
Kriegersmatt
Breitenbach
Steige
Albe
Nothalten
Haut de Steige
la Croix
Maisonsgoutte
Col de Steige
Saint-Martin
Sauloch
D 424
Honcourt
Wagenbach
Villé
Triembach au-Val
Hohwarth
Eglise Saint Gilles
Blienschwiller
Charbes
Bassemberg
Chapelle Saint Sébastien
Dambach-la-Ville
Neuve-Eglise
Saint-Maurice
Saint-Bois
Lalaye
Château de Bilstein
Fouchy
Urbeis
Bas d'Urbeis
D 39
Haut d'Urbeis
Zinken
Hirtzelbach
Thanvillé
Château de Bernstein
Dieffenthal
D 35
Rindsfeld Chapelle
Breitenau
Dieffenbach-au-Val
Barrure
le Rittersberg
Noirceux
Froide Fontaine
Neubois
Chapelle de la Jambe-de-fer
Col de Fouchy
Prérébois
le Schlossberg
Château de Ramstein
Château d'Ortenbourg
Scherwiller
Val de Villé
Ralaine
Sur le chemin de la Hingrie
Rombach-le-Franc
Hurst
la Vancelle
Chambrette
Liepvre
la Liepvrette Rivière
Châtenois
Vraie Côte
Grand Rombach
Musloch
N 59
Bois l'Abbesse
Forêt de Sélestat
Stimbach
Sainte-Croix-aux-Mines
Château de Kintzheim
Petit Rombach
Kintzheim
Saint-Blaise
Montplaisir
Kœnigsbourg
Orschwiller
Fertrupt
Hochfelsen
Route des Vosges
Sainte-Marie-aux-Mines
le Ramelstein
Saint-Hippolyte
Col Haute de Ribeauvillé
Thannenkirch
Rodern
Bourgonde
la Petite Verrerie
la Grande Verrerie
D 1 b
Rorschwihr
Reichenberg
D 416
Bergheim
Ribeaupierre
Girsberg
Saint Ulrich
Chapelle de Saint Maximin
Parc
Auburé
Andlau
Château de Bilstein
Guémar
N 83
la Halle
Col de Fréland
Bilsteinthal
Ribeauvillé
Ursprung
Parc de Cigognes
Chapelle de
Forêt Communale
121
117

113
Rosheim
Mollkirch
Laubenheim
Château de Guirbaden
2km
Bischoffsheim
Saint Pierre et Paul
Rosenmeer Ruisseau
2000
Innenheim
Chapelle
pres-Molsheim
A travers les Moyennes
Krautergersheim
Hindisheim
Boersch
le Bischenberg
Oberkirch Château
Klingenthal
Saint Léonard
Ligne Touristique
Château Koepfels
Château d'Ottrott
Ottrott
Obernai
N 422
D 500
Limersheim
Bernhards-willer
Niedernai
Meistratzheim
D 426
Saint Gorgon
Hagelschloß
Saint Nabor
D 422
Dreystein
Sainte Odile
Sainte-Odile
Goxwiller
Saint Blaise
Schaeffersheim
Truttenhausen
Château
Heiligenstein
Valff
Bolsenheim
Château de Landsberg
D 206
Uttenheim
Bourgeim
Holtzbad Ferme
Barr
Forêt de Barr
Gertwiller
Gert-Iwiller
Bruch.-M.
Holtzbad
Westhouse
la Kirneck Ruisseau
Château de Spesbourg
Château d'Andlau
Zellwiller
A travers les Vosges Moyennes
Mittelbergheim
D 425
St. Pierre
Stotzheim
D 5
Andlau
Chapelle Saint André
Eichhoffen
Kertzfeld
Benfeld
Bernardville
N 422
la Scheer Rivière
Huttenheim
D 253
Finckwiller
Itterswiller
Epfig
Fronholtz
Sainte-Marguerite
Sermersheim
D 212
Nothalten
D 203
France
Ill Rivière
Hohwarth
Église Saint Gilles
Blienschwiller
Route des Vosges
Kogenheim
Chapelle Saint Sébastien
Dambach-la-Ville
Dambach
Witternheim
Bois
Zinken
Thanvillé
Château de Bernstein
D 35
Abbaye
Ebersmunster
Dieffenthal
le Rittersberg
A 35
Kientzville
Ebersheim
Route du Tabac
Château de Ramstein
Château d'Ortenbourg
N 83
Maison Rouge
Hilsenheim
Scherwiller
Riedwasser Ferme
Val de Ville
E 25
la Meurthe Rivière
Ehrwihr
Muttersholtz
D 12
Châtenois
Viehweg
-le Bas
Wittisheim
Sélestat
France
Rathsamhausen-
Château de Kintzheim
Saint Georges
-le Haut
Châtenois
Sélestat
Kintzheim
Galgenfeld
D 209
Baldenheim
D 705
Orschwiller
Breitenheim
Route du Rhin
Schwobsheim
Chapelle du Chêne
Mussig
Bœsenbiesen
St. Hippolyte
D 1 b
Hessenheim
Artolsheim
Bergheim
Heidolsheim
Route du Rhin
N 83
Chapelle de Saint Maximin
Bootzheim
D 424
Guémar
Mackenheim
D 106
122
Illhaeusern
Ohnenheim
D 416
D 208
Forêt Communale
France
Marckolsheim

115
D
E
F
Eschau
Fegersheim
Ichtratzheim
Hipsheim
Saint Ludan
Plobsheim
Niederau
Wibolsheim
Kempferhof
Notre-Dame du Chêne
Route du Rhin
Thumenau
Ill Rivière
Canal du Rhône au Rhin
Ploerlen
Nordhouse
Altenheim
Neuried
Dundenheim
Müllen
Langhurst
Schutterwald
Offenburg
Höfen
Hofweier
Ichenheim
Ottenweierhof
Schutter
Bruhly
Erstein
Krafft
Meißenheim
Schutterzell
Gutleutkirche
D E U T S C H -
L A N D
Friesen-
heim
Gerstheim
Ottenheim
Kürzell
Schuttern
Schwanau
Allmannsweier
HUGSWEIER
Lahr
LAHR/Schwarzwald
Obenheim
Daubensand
Nonnenweier
DINGLINGEN
LANGEN-WINKEL
Dammenmühle
Boofzheim
Rhinau
Witten-weier
KIPPENHEIM-WEILER
MIETERSHEIM
Langenhard
SULZ
Friesenheim
"Mahlberg"
Badische Weinstraße
Kippenheim
Zelsheim
Kappel-Grafenhausen
Schmieheim
MAHLBERG
ORSCHWEIER
WALLBURG
Ettenheim
Ettenbach
Rust
ALTDORF
ETTENHEIM
MÜNCHWEIER
Rhein
Taubergießen
Europapark Rust
2002
Ringsheim
Sankt Landolin
Niederhausen
ETTENHEIMWEILER
Herbolzheim
Rheinhausen
Oberhausen
HERBOLZHEIM
TUTSCHFELDEN
BROGGINGEN
BLEICHHEIM
WAGENSTADT
Ruine Kirnburg
Hohreute
Kirnhalden
Ottoschwanden
Weisweil
Leopoldskanal
NORDWEIL
Oberer Berg
Eckle
KENZINGEN
BOMBACH
Harderer Hof
Helgenreute
Ruine Lichteneck
Mußbach
HECKLINGEN
Heimbach
Allmendsberg
Wyhl
Forchheim
Huttenhof
119
123

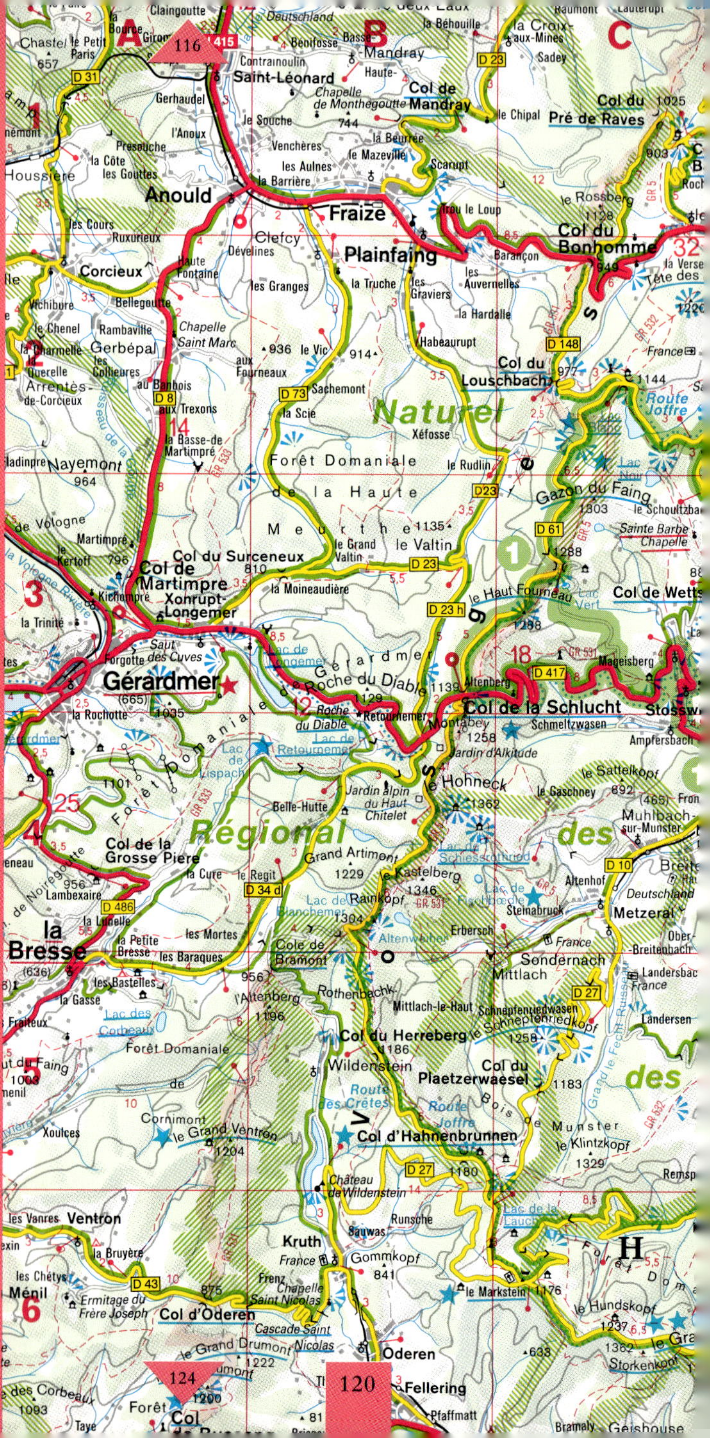
116
Saint-Léonard
Col de Mandray
Col du Pré de Raves
Anould
Fraize
Plainfaing
Col du Bonhomme
Corcieux
Gerbépal
Clefcy
Col du Louschbach
Naturel
Forêt Domaniale de la Haute Meurthe
Nayemont
Col du Surceneux
Col de Martimpre
Xonrupt-Longemer
Le Valtin
Gazon du Faing
Col de Wettstein
Gérardmer
Roche du Diable
Col de la Schlucht
Le Hohneck
Régional
Col de la Grosse Pierre
La Bresse
Metzeral
Col du Herreberg
Wildenstein
Col du Platzerwaesel
Col d'Hahnenbrunnen
Route des Crêtes
Route Joffre
Le Grand Ventron
Château de Wildenstein
Ventron
Kruth
Le Markstein
Ménil
Col d'Oderen
Oderen
Fellering
124

117

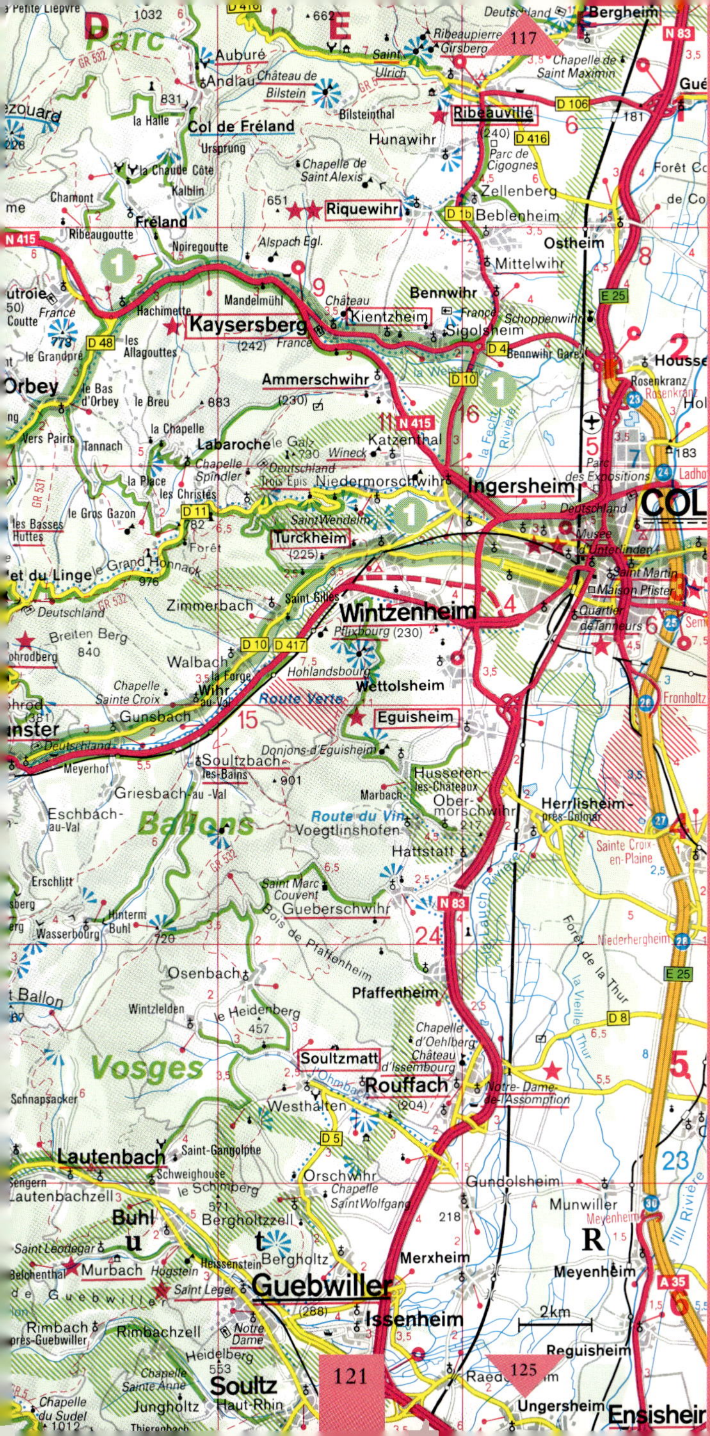
Parc
Bergheim
Ribeaupierre
Girsberg
Saint Ulrich
Chapelle de Saint Maximin
Auburé
Andlau
Château de Bilstein
Bilsteinthal
Ribeauvillé
Hunawihr
Parc de Cigognes
Col de Fréland
Ursprung
la Halle
la Chaude Côte
Kalblin
Chapelle de Saint Alexis
Zellenberg
Chamont
Fréland
Ribeaugoutte
Riquewihr
Beblenheim
Ostheim
Noiregoutte
Alspach Egl.
Mittelwihr
Mandelmühl
Château
Kientzheim
Bennwihr
Schoppenwihr
Hachimette
Kaysersberg
Sigolsheim
Bennwihr Gare
les Allagouttes
le Grandpré
Orbey
le Bas d'Orbey
le Breu
Ammerschwihr
Housse
Rosenkranz
la Weiss
la Chapelle
Katzenthal
Vers Pairis
Tannach
Labaroche
le Galz
Wineck
Chapelle Spindler
Trois Epis
Niedermorschwihr
Ingersheim
Parc des Expositions
la Fecht Rivière
la Place
les Christes
Deutschland
COL
le Gros Gazon
Saint Wendelin
les Basses Huttes
Turckheim
Musée d'Unterlinden
Forêt
le Grand Hohnack
Saint Martin
Maison Pfister
Quartier des Tanneurs
Zimmerbach
Saint Gilles
Wintzenheim
Pflixbourg
Breiten Berg
Walbach
la Forge
Hohlandsbourg
Wettolsheim
Fronholtz
Chapelle Sainte Croix
Wihr au-Val
Route Verte
Gunsbach
Eguisheim
Meyerhof
Donjons d'Eguisheim
Soultzbach-les-Bains
Husseren-les-Châteaux
Griesbach-au-Val
Marbach
Obermorschwihr
Herrlisheim-près-Colmar
Eschbach-au-Val
Ballons
Route du Vin
Voegtlinshofen
Hattstatt
Sainte Croix-en-Plaine
Erschlitt
Saint Marc Couvent
Gueberschwihr
Hinterm Buhl
Wasserbourg
Bois de Pfaffenheim
la Lauch Rivière
Forêt de la Thur
Niederhergheim
Osenbach
Pfaffenheim
la Vieille Thur
Wintzlelden
le Heidenberg
Chapelle d'Oehlberg
Château d'Issembourg
Vosges
Soultzmatt
Rouffach
Notre-Dame-de-l'Assomption
Schnapsacker
Westhalten
Ohmbach
Lautenbach
Saint-Gangolphe
Schweighouse
le Schimberg
Orschwihr
Chapelle Saint Wolfgang
Gundolsheim
Lautenbachzell
Buhl
Bergholtzzell
Munwiller
Meyenheim
Saint Leodegar
Heissenstein
Bergholtz
Merxheim
Murbach
Hugstein
Saint Leger
Guebwiller
Issenheim
Rimbach près-Guebwiller
Rimbachzell
Notre Dame
Heidelberg
Chapelle Sainte Anne
Soultz Haut-Rhin
Jungholtz
Chapelle du Sudel
Reguisheim
Ungersheim
Ensisheim
l'Ill Rivière
2km
N 83
N 415
D 106
D 416
D 1b
E 25
D 4
D 10
D 48
D 11
D 417
D 8
D 5
A 35

125

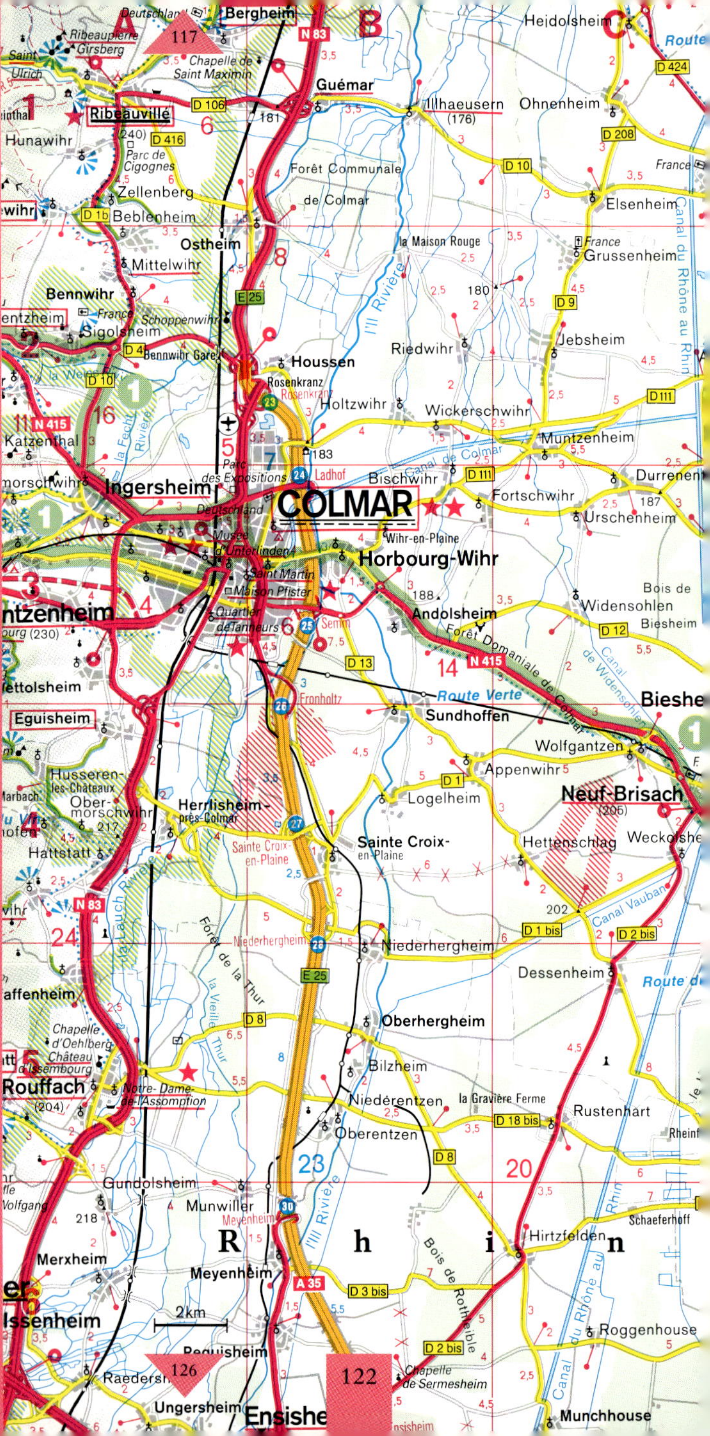

117
Bergheim
Heidolsheim
Ribeaupierre
Girsberg
Saint Ulrich
Chapelle de Saint Maximin
Guémar
Ribeauvillé
Illhaeusern
Ohnenheim
Hunawihr
Parc de Cigognes
Forêt Communale de Colmar
Zellenberg
Beblenheim
Elsenheim
Ostheim
la Maison Rouge
Grussenheim
Mittelwihr
Bennwihr
Schoppenwihr
Sigolsheim
Jebsheim
Bennwihr Gare
Houssen
Riedwihr
Rosenkranz
Holtzwihr
Wickerschwihr
Katzenthal
Muntzenheim
Parc des Expositions
Ladhof
Canal de Colmar
Ingersheim
Bischwihr
Durrenent
COLMAR
Fortschwihr
Urschenheim
Musée d'Unterlinden
Wihr-en-Plaine
Horbourg-Wihr
Saint Martin
Maison Pfister
Bois de Widensohlen
Quartier de Tanneurs
Andolsheim
Biesheim
Semm
Forêt Domaniale de Colmar
Wettolsheim
Canal de Widensohlen
Route Verte
Fronholtz
Sundhoffen
Eguisheim
Wolfgantzen
Appenwihr
Husseren-les-Châteaux
Neuf-Brisach
Logelheim
Obermorschwihr
Herrlisheim-près-Colmar
Hettenschlag
Weckolsheim
Sainte Croix-en-Plaine
Hattstatt
Canal Vauban
Forêt de la Thur
Niederhergheim
Dessenheim
Route
Chapelle d'Oehlberg
Château d'Issembourg
Oberhergheim
la Vieille Thur
Rouffach
Bilzheim
Notre-Dame-de-l'Assomption
Niederentzen
la Gravière Ferme
Rustenhart
Oberentzen
Gundolsheim
Munwiller
Meyenheim
l'Ill Rivière
Schaeferhoff
Hirtzfelden
R h i n
Merxheim
Bois de Rothleible
Canal du Rhône au Rhin
2km
Roggenhouse
Pequisheim
126
122
Chapelle de Sermesheim
Raedersheim
Ungersheim
Ensisheim
Munchhouse

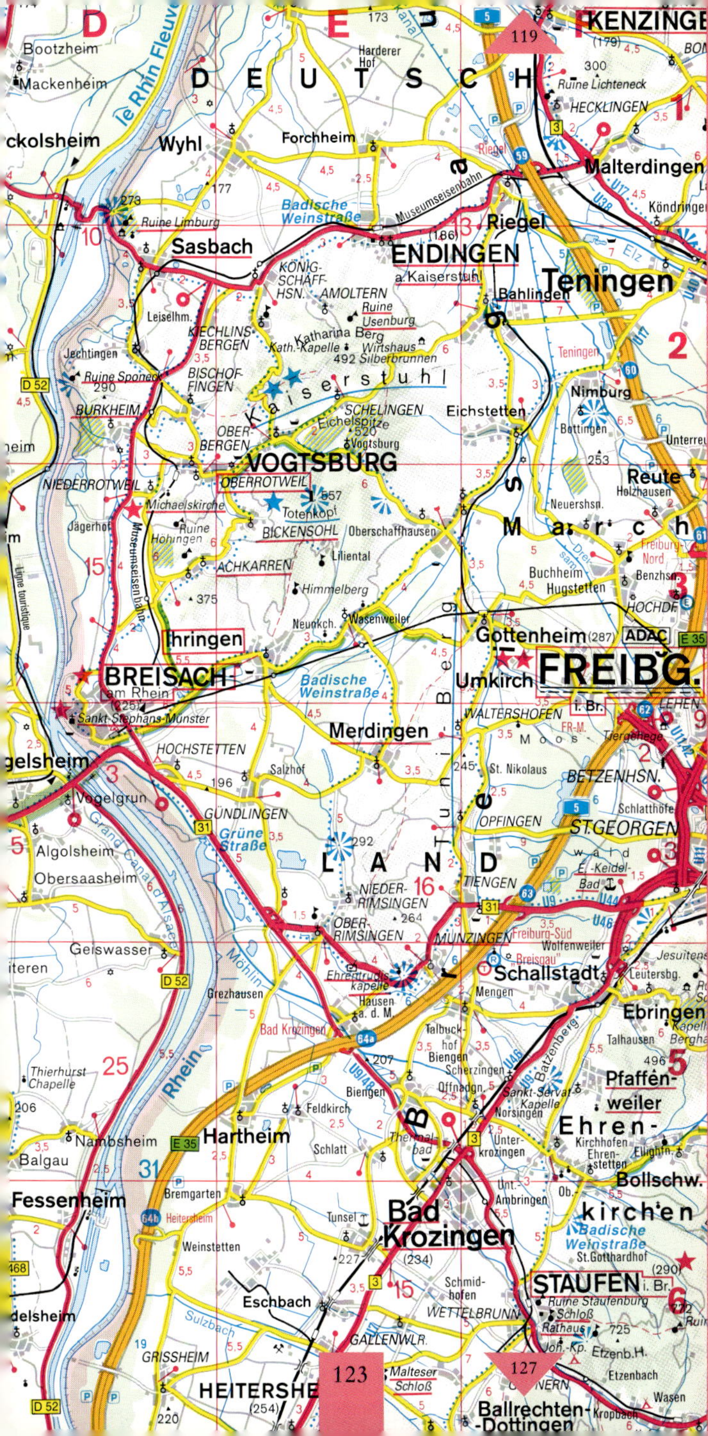
119
DEUTSCH-LAND
KENZINGEN
Bootzheim
Mackenheim
Rhin Fleuve
Harderer Hof
Ruine Lichteneck
HECKLINGEN
Wyhl
Forchheim
Malterdingen
Riegel
Kändringen
Museumseisenbahn
Ruine Limburg
Badische Weinstraße
Sasbach
ENDINGEN a. Kaiserstuhl
Teningen
KÖNIGSCHAFFHSN.
AMOLTERN
Ruine Usenburg
Bahlingen
Leiselhm.
KIECHLINSBERGEN
Katharina Berg
Kath.-Kapelle
Wirtshaus
492 Silberbrunnen
Jechtingen
Ruine Sponeck
BISCHOFFINGEN
Kaiserstuhl
Nimburg
BURKHEIM
SCHELINGEN
Eichelspitze 520
Eichstetten
Bottingen
OBERBERGEN
Vogtsburg
VOGTSBURG
Unterreute
Reute
Holzhausen
NIEDERROTWEIL
OBERROTWEIL
557 Totenkopf
Michaelskirche
Neuershsn.
March
Jägerhof
Ruine Höhingen
BICKENSOHL
Oberschaffhausen
Freiburg-Nord
Liliental
ACHKARREN
Buchheim
Hugstetten
Benzhsn.
Himmelberg
HOCHDF.
Ligne touristique
Ihringen
Neunkch.
Wasenweiler
Gottenheim (287)
ADAC
BREISACH am Rhein
Umkirch
FREIBG. i. Br.
Sankt-Stephans-Münster
Merdingen
WALTERSHOFEN
LEHEN
Moos
Tiergehege
HOCHSTETTEN
Vogelsheim
Salzhof
St. Nikolaus
BETZENHSN.
Vogelgrun
GÜNDLINGEN
OPFINGEN
Schlatthöfe
Grüne Straße
ST.GEORGEN
Algolsheim
Tuniberg
Obersaasheim
NIEDERRIMSINGEN
TIENGEN
E.-Keidel-Bad
Grand Canal d'Alsace
OBERRIMSINGEN
MUNZINGEN
Freiburg-Süd
Wolfenweiler
Geiswasser
Möhlin
Ehrentrudiskapelle
"Breisgau"
Schallstadt
Jesuitensch.
Leutersbg.
Grezhausen
Hausen a. d. M.
Mengen
Ebringen
Bad Krozingen
Talbuckhof
Biengen
Scherzingen
Talhausen
Batzenberg
Thierhurst Chapelle
Rhein
Offnadgn.
Sankt-Servatius-Kapelle
Pfaffenweiler
Feldkirch
Norsingen
Ehrenkirchen
Nambsheim
Hartheim
Schlatt
Thermalbad
Unterkrozingen
Kirchhofen
Ehrenstetten
Ellighfn.
Balgau
Bollschw.
Fessenheim
Bremgarten
Ob.
Unt.-Ambringen
Heitersheim
Tunsel
Bad Krozingen (234)
Badische Weinstraße
Weinstetten
St.Gotthardhof
Schmidhofen
STAUFEN i. Br.
Ruine Staufenburg
Schloß
Rathaus
Eschbach
WETTELBRUNN
Sulzbach
Joh.-Kp.
Etzenb.H.
GALLENWLR.
GRISSHEIM
Malteser Schloß
Etzenbach
HEITERSHEIM (254)
Wasen
Ballrechten-Dottingen
Kropbach
123
127

120

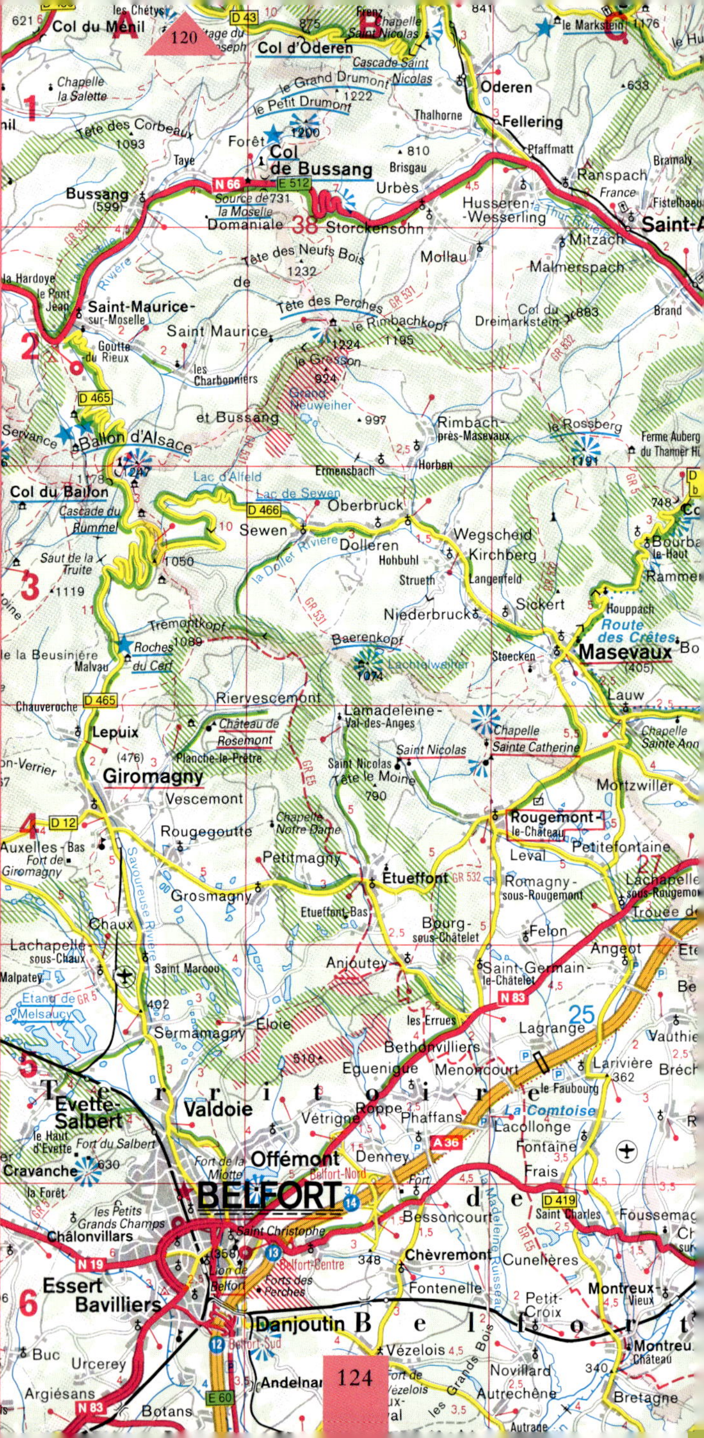

Col du Ménil
Col d'Oderen
Cascade Saint Nicolas
Chapelle Saint Nicolas
le Markstein
Chapelle la Salette
le Grand Drumont 1222
le Petit Drumont
Tête des Corbeaux 1093
Thalhorne
Oderen
Fellering
Pfaffmatt
Forêt
Col de Bussang
Brisgau
Taye
N 66
E 512
Bussang (599)
Source de la Moselle 731
Domaniale
Urbès
Storckensohn
Husseren-Wesserling
Ranspach
France
Saint-A
Mitzach
Tête des Neufs Bois 1232
de
Mollau
Malmerspach
la Hardoye
le Pont Jean
Saint-Maurice-sur-Moselle
Saint Maurice
Tête des Perches
le Rimbachkopf 1195
1224
Col du Dreimarkstein 883
Brand
Goutte du Rieux
les Charbonniers
le Gresson 924
Grand Neuweiher
et Bussang
997
Rimbach-près-Masevaux
le Rossberg
Ferme Auberge du Thanner Hu
D 465
Servance
Ballon d'Alsace
1247
Ermensbach
Horben
1191
1178
Lac d'Alfeld
Lac de Sewen
Col du Ballon
Cascade du Rummel
D 466
Oberbruck
Sewen
Dolleren
Wegscheid
Kirchberg
Bourbach-le-Haut
Rammersmatt
Saut de la Truite
1050
Hohbuhl
Strueth
Langenfeld
1119
la Doller Rivière
Niederbruck
Sickert
Houppach
Route des Crêtes
Tremontkopf 1089
Baerenkopf
le Beusinière
Roches du Cerf
Malvau
1074
Lachtelweiher
Stoecken
Masevaux (405)
Lauw
Chauveroche
Riervescemont
Lamadeleine-Val-des-Anges
Lepuix
Château de Rosemont
Chapelle Sainte Catherine
Chapelle Sainte Anne
Planche-le-Prêtre
(476)
Saint Nicolas
Saint Nicolas
Tête le Moine 790
Giromagny
Mortzwiller
Vescemont
D 12
Rougegoutte
Chapelle Notre Dame
Rougemont-le-Château
Auxelles-Bas
Fort de Giromagny
Petitmagny
Leval
Petitefontaine
Étueffont
Grosmagny
Romagny-sous-Rougemont
Lachapelle-sous-Rougemont
Trouée de
Savoureuse Rivière
Etueffont-Bas
Chaux
Bourg-sous-Châtelet
Felon
Lachapelle-sous-Chaux
Anjoutey
Angeot
Saint Marcou
Saint-Germain-le-Châtelet
Malpatey
Étang de Malsaucy
402
N 83
Sermamagny
Eloie
les Errues
Lagrange
Vauthiermont
510
Bethonvilliers
Eguenigue
Menoncourt
Larivière 362
Bréchaumont
Territoire
Evette-Salbert
Valdoie
Vétrigne
Roppe
Phaffans
le Faubourg
La Comtoise
le Haut d'Evette
Fort du Salbert
Lacollonge
Fontaine
A 36
Cravanche 630
Fort de la Miotte
Offémont
Denney
Belfort-Nord
Frais
la Forêt
BELFORT
Fort
D 419
de
les Petits Grands Champs
Bessoncourt
Saint Charles
Foussemagne
Châlonvillars
Saint Christophe
(358)
348
Chèvremont
Cunelières
N 19
Fort de Belfort
Belfort-Centre
Forts des Perches
Essert
Fontenelle
Petit-Croix
Montreux-Vieux
Bavilliers
Danjoutin
Belfort
Buc
Belfort-Sud
Vézelois
Montreux-Château
Urcerey
Fort de Vézelois
les Grands Bois
Novillard
340
Argiésans
Andelnans
Autrechêne
Bretagne
N 83
E 60
Botans
Autrage
25
27
38

Guebwiller
Issenheim
Soultz Haut-Rhin
Bollwiller
Staffelfelden
Cernay
Wittelsheim
Thann
Vieux-Thann
Pfastatt
Lutterbach
Richwiller
Reiningue
Morschwiller-le-Bas
Didenheim
Hochstatt
Zillisheim
Illfurth
Altkirch
Carspach
Hirtzbach
Dannemarie
Ballersdorf
Burnhaupt-le-Haut
Burnhaupt-le-Bas
Guewenheim
Aspach-le-Haut
Aspach-le-Bas
Michelbach
Roderen
Leimbach
Steinbach
Uffholtz
Wattwiller
Berwiller
Hartmannswiller
Wuenheim
Jungholtz
Rimbach près-Guebwiller
Rimbachzell
Murbach
Raedersheim
Ungersheim
Feldkirch
Pulversheim
Grand Ballon
Col Amic
Col du Silberloch
Col de Herrenfluh
Vieil Armand
Willer-sur-Thur
Bitschwiller lès-Thann
Altenbach
Goldbach
Schweighouse-Thann
Heimsbrunn
Galfingue
Spechbach-le-Haut
Spechbach-le-Bas
Bernwiller
Ammerzwiller
Saint-Bernard
Eglingen
Heidwiller
Tagolsheim
Walheim
Luemschwiller
Aspach
Wittersdorf
Emlingen
Schwoben
Wasenstег
Sternenberg
Bretten
Gildwiller
Hecken
Falkwiller
Guevenatten
Traubach-le-Haut
Traubach-le-Bas
Buethwiller
Hagenbach
Gommersdorf
Wolfersdorf
Retzwiller
Manspach
Altenach
Romagny
Saint-Ulrich
Fulleren
Mertzen
Diefmatten
Soppe-le-Haut
Soppe-le-Bas
Elbach
Valdieu-Lutran
Chavannes-les-Grands
Bettendorf
Hirsingue
A 36
N 83
N 66
N 466
E 512
E 60
E 54
D 430
D 19
D 9 bis
D 5
D 466
D 103
D 14 b
D 419
D 423
D 18 V
D 7 bis
D 17
D 431
La Thur Rivière
La Doller Rivière
Ill Rivière
2km
121
125
128

122

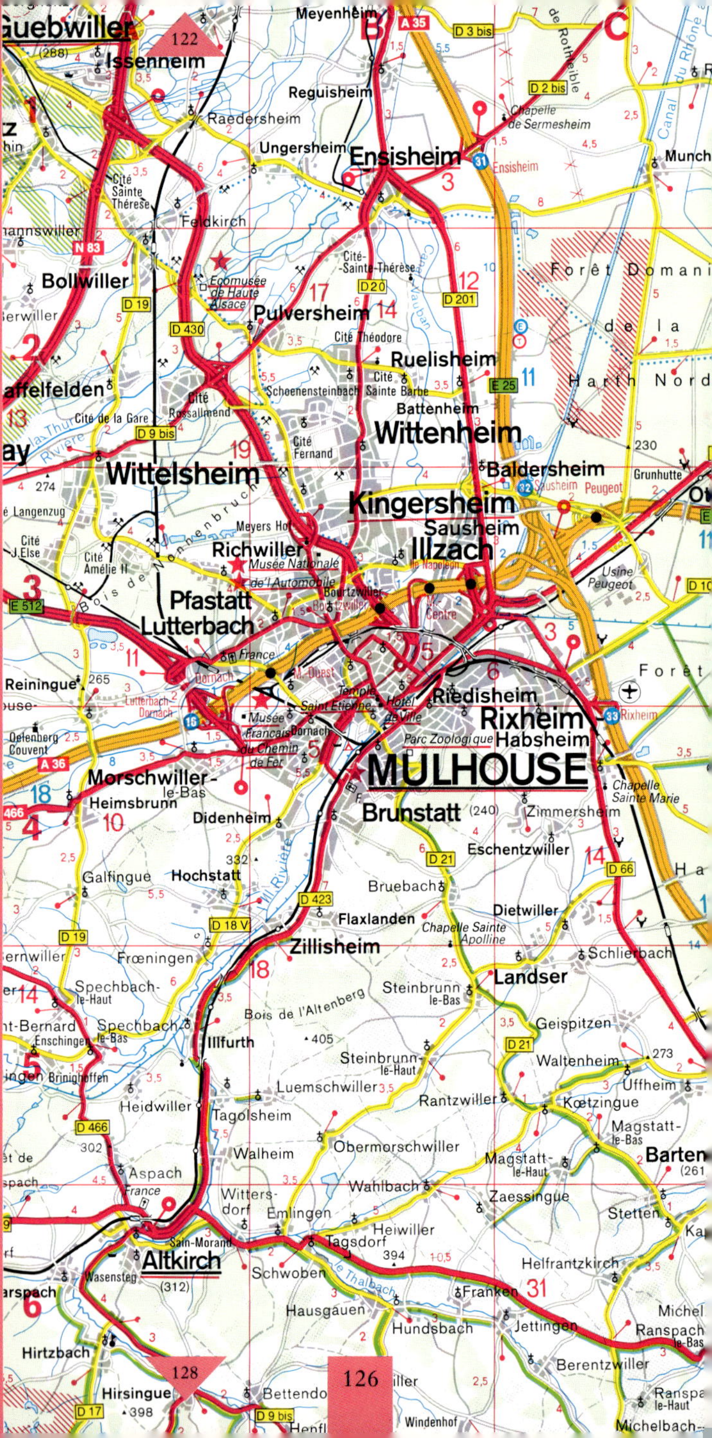
Guebwiller
Issenheim
Meyenheim
Reguisheim
Raedersheim
Ungersheim
Ensisheim
Chapelle de Sermesheim
Munch
Canal du Rhône
Cité Sainte Thérèse
Feldkirch
N 83
Bollwiller
Écomusée de Haute Alsace
Cité-Sainte-Thérèse
Canal Vauban
Forêt Domani
de la
Harth Nord
D 19
D 430
Pulversheim
D 20
D 201
Cité Théodore
Ruelisheim
Schoenensteinbach
Cité Sainte Barbe
E 25
Battenheim
Wittenheim
Staffelfelden
Cité de la Gare
Cité Rossalmend
D 9 bis
Cité Fernand
Wittelsheim
Baldersheim
Grunhutte
Kingersheim
Sausheim
Peugeot
Langenzug
Meyers Hof
Richwiller
Illzach
Musée Nationale de l'Automobile
Le Napoléon
Cité J.Else
Cité Amélie II
Bois de Nonnenbruch
Usine Peugeot
Pfastatt
Bourtzwiller
Centre
Lutterbach
E 512
France
Dornach
M. Ouest
Reiningue
Forêt
Lutterbach-Dornach
Temple Saint Etienne
Hôtel de Ville
Riedisheim
Rixheim
Musée Français du Chemin de Fer
Parc Zoologique
Habsheim
Oelenberg Couvent
A 36
MULHOUSE
Morschwiller-le-Bas
Chapelle Sainte Marie
Heimsbrunn
Brunstatt
(240)
Zimmersheim
Didenheim
Eschentzwiller
D 21
D 66
Galfingue
Hochstatt
Bruebach
Rivière
D 423
Dietwiller
D 18 V
Flaxlanden
Chapelle Sainte Apolline
D 19
Zillisheim
Schlierbach
Froeningen
Landser
Spechbach-le-Haut
Steinbrunn-le-Bas
Bois de l'Altenberg
Spechbach-le-Bas
Enschingen
Illfurth
Geispitzen
D 21
Waltenheim
Steinbrunn-le-Haut
Bettlach
Brinighoffen
Luemschwiller
Uffheim
Heidwiller
Tagolsheim
Rantzwiller
Koetzingue
D 466
Magstatt-le-Bas
Walheim
Obermorschwiller
Aspach
Magstatt-le-Haut
Bartenheim
Wahlbach
Witters-dorf
Emlingen
Zaessingue
Stetten
Heiwiller
Sain-Morand
Tagsdorf
Altkirch
(312)
Wasensteg
Schwoben
le Thalbach
Helfrantzkirch
Franken
Hausgauen
Hundsbach
Jettingen
Michelbach-le-Bas
Ranspach-le-Bas
Hirtzbach
Berentzwiller
Hirsingue
Bettendorf
Ranspach-le-Haut
D 17
D 9 bis
Windenhof
Michelbach-le-Haut

128

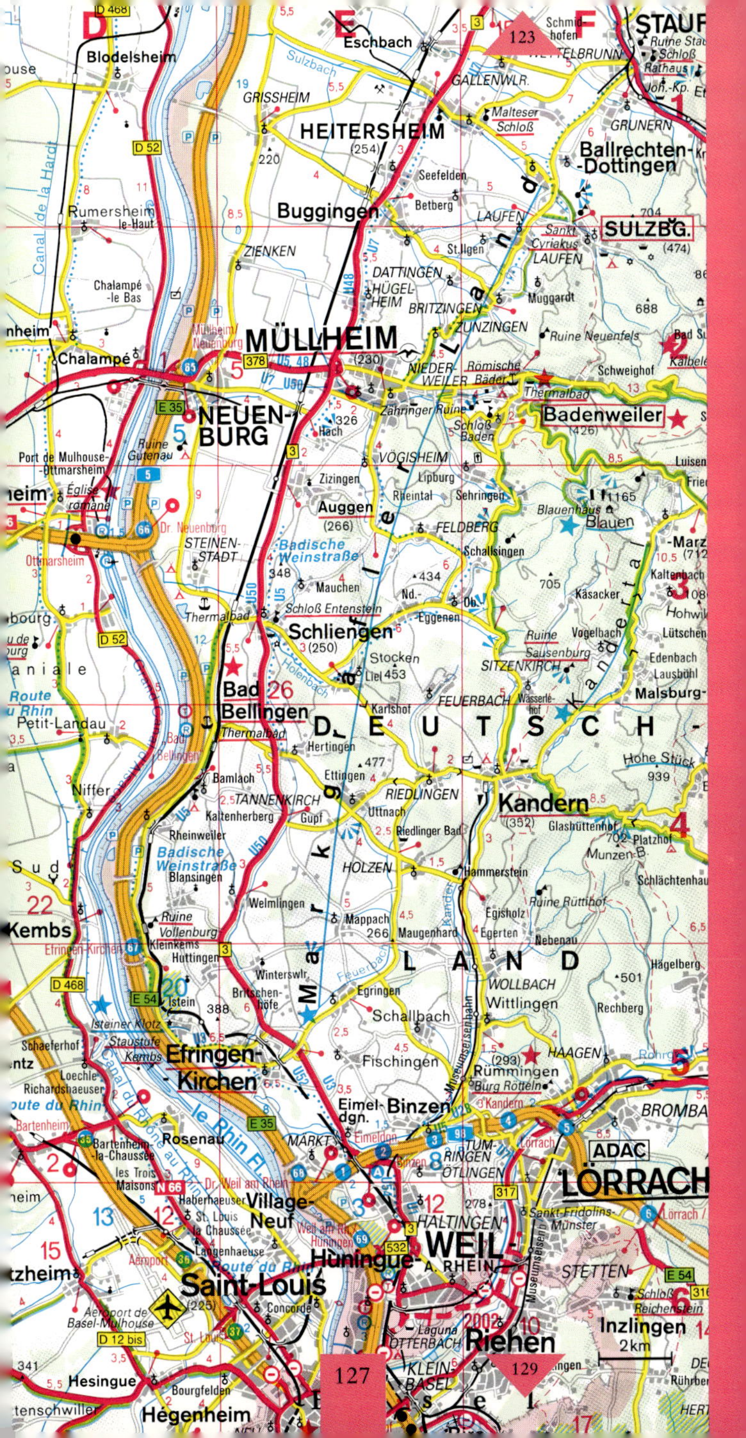
D
E
F
123
127
129
Eschbach
Blodelsheim
HEITERSHEIM
GRISSHEIM
Ballrechten-Dottingen
Buggingen
SULZBG.
Rumersheim le-Haut
Chalampé
MÜLLHEIM
NEUENBURG
Badenweiler
Auggen
Schliengen
Bad Bellingen
DEUTSCH-
LAND
Markgräfler Land
Kandern
Kembs
Efringen-Kirchen
Binzen
LÖRRACH
Village-Neuf
Saint-Louis
Hüningue
WEIL A. RHEIN
Riehen
Inzlingen
Hégenheim
Hesingue
2km

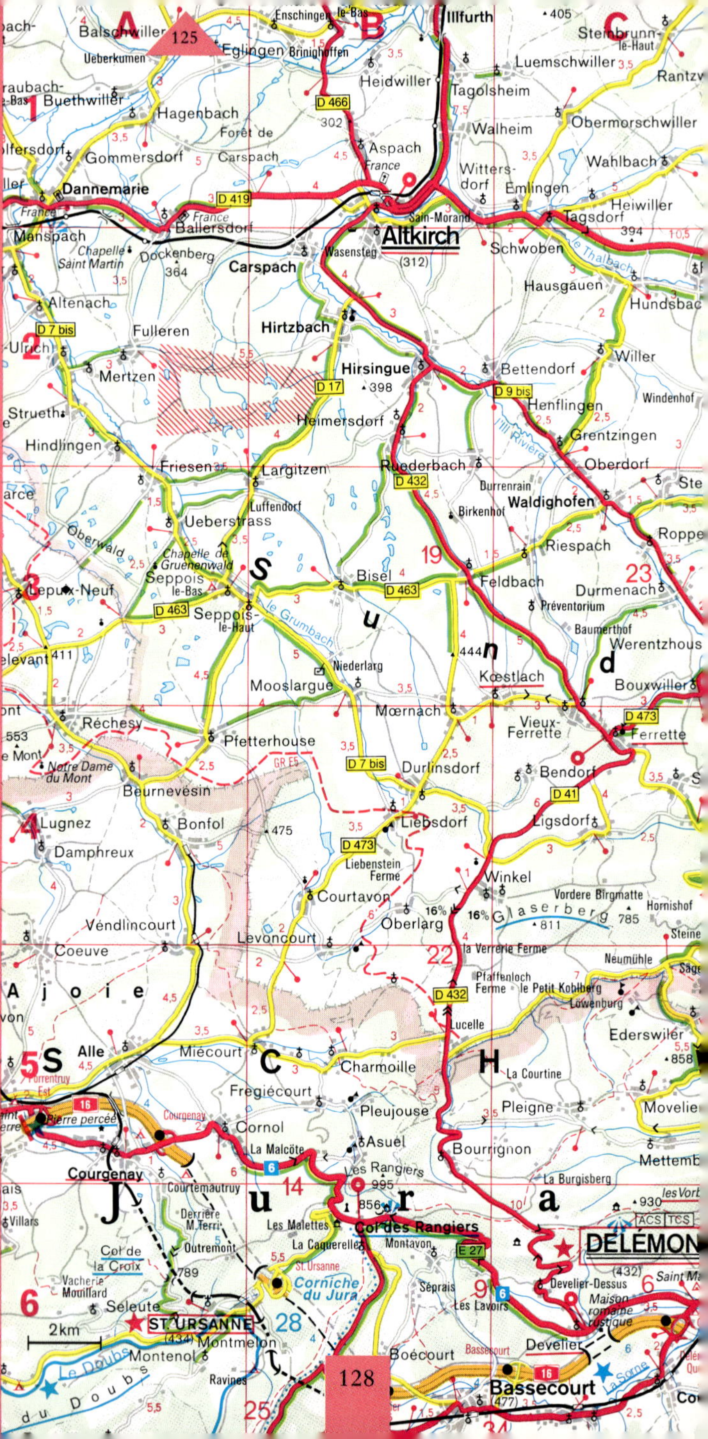
125
Balschwiller
Ueberkumen
Eglingen
Enschingen
Illfurth
Steinbrunn-le-Haut
Buethwiller
Hagenbach
Heidwiller
Tagolsheim
Luemschwiller
Obermorschwiller
Gommersdorf
Forêt de Carspach
Aspach
Walheim
Witters-dorf
Emlingen
Wahlbach
Heiwiller
Dannemarie
D 419
D 466
Manspach
Ballersdorf
Altkirch
Sain-Morand
Tagsdorf
Schwoben
Chapelle Saint Martin
Dockenberg
Carspach
Wasensteg
Hausgauen
Hundsbach
Altenach
Fulleren
Hirtzbach
D 7 bis
Mertzen
Hirsingue
Bettendorf
Willer
Strueth
D 17
Heimersdorf
D 9 bis
Henflingen
Windenhof
Grentzingen
Hindlingen
Friesen
Largitzen
Ruederbach
Oberdorf
D 432
Durrenrain
Waldighofen
Luffendorf
Ueberstrass
Birkenhof
Riespach
Roppe
Oberwald
Chapelle de Gruenenwald
Seppois le-Bas
Bisel
Feldbach
Durmenach
Lepuix-Neuf
D 463
Seppois-le-Haut
le Grumbach
Préventorium
Baumerthof
Werentzhous
Sundgau
Niederlarg
Koestlach
Mooslargue
Bouxwiller
Réchesy
Moernach
Vieux-Ferrette
D 473
Ferrette
Pfetterhouse
Notre Dame du Mont
Beurnevésin
GR E5
D 7 bis
Durlinsdorf
Bendorf
D 41
Lugnez
Bonfol
Liebsdorf
Ligsdorf
Damphreux
Liebenstein Ferme
Winkel
Courtavon
Vordere Birgmatte
Hornishof
Glaserberg
Vendlincourt
Oberlarg
Coeuve
Levoncourt
la Verrerie Ferme
Neumühle
Ajoie
Pfaffenloch Ferme
le Petit Kohlberg
Löwenburg
D 432
Lucelle
Ederswiler
Alle
Miécourt
Charmoille
La Courtine
Porrentruy Est
Fregiécourt
Pleujouse
Pleigne
Movelier
Pierre percée
Courgenay
Cornol
Asuel
Bourrignon
La Malcôte
Les Rangiers
Mettemberg
Courgenay
Courtemautruy
La Burgisberg
Jura
Derrière M. Terri
Les Malettes
Col des Rangiers
DELÉMONT
Outremont
La Caquerelle
Montavon
E 27
Col de la Croix
St. Ursanne
Corniche du Jura
Séprais
Develier-Dessus
Vacherie Mouillard
Les Lavoirs
Maison romane rustique
Seleute
ST URSANNE
2km
Montmelon
Develier
Montenol
Le Doubs
Boécourt
La Sorne
Ravines
Bassecourt
Clos du Doubs

Waltenheim
Sierentz
Schaeferhof
Staustufe Kembs
Efringen-Kirchen
127
Fischingen
Uffheim
Kœtzingue
Loechle
Richardshaeuser
Route du Rhin
Grand Canal d'Alsace
Canal du Rhône au Rhin
le Rhin Fl.
Eimel-dgn.
Binzen
Magstatt-le-Bas
Bartenheim
Bartenheim-la-Chaussée
Rosenau
MÄRKT
Eimeldgn.
(261)
Les Trois Maisons
Dr. Weil am Rhein
Brinckheim
Haberhaeuser
Village-Neuf
Stetten
St. Louis la Chaussée
Kappelen
Weil am Rhein
Huningue
Helfrantzkirch
Blotzheim
Aéroport
Langenhaeuse
Saint-Louis
Michelbach-le-Bas
Aéroport de Basel-Mulhouse
(225)
Concorde
Ranspach-le-Bas
Laguna
Otterbach
D 12 bis
St. Louis
Berentzwiller
D 419
341
Klein-Basel
Hesingue
Bourgfelden
Ranspach-le-Haut
Attenschwiller
Hegenheim
Basel
Michelbach-le-Haut
Buschwiller
Neu-Allschwil
Münster
Hist. Museum
Kunstmuseum
D 21
D 473
Allschwil
La Vieille Poste
Neuhof
Zoolog. Garten
Wentzwiller
Neuehaeuser
ACS
Folgensbourg
BASEL
TCS
Muespach
Muespach-le-Haut
(260)
D 16
Schönenbuch
Binningen
Bottmingen
Hagenthal-le-Haut
Hagenthal-le-Bas
Neuwiller
Oberwil
Münchenstein
Biel-
Benken
L'Eichwald
Reinach
Linsdorf
Bettlach
527
Arlesheim
D 9 bis
Birsig
Benken
Therwil
Saint Blaise
Leymen
Liebenswiller
Château du Landskron
Witterswil
Flüh
Ettingen
Dornach
Reinach-Süd
Müli
Rodersdf.
Kloster Mariastein
Huttinge Moulin
Raedersdorf
Biederthal
Hofstetten
Aesch
Solothurn
Rotberg
Blauen
Chlus
Schloß Angenstein
Metzerlen
687
Pfeffingen
875
Nenzlingen
Wolschwiller
Burg
Brunnen-B.
Blauen
747
Dittingen
Zwingen
Grellingen
Cholholz
Saalhof
Solothurn
Röschenz
Kloesterle
Kleinlützel
Steffen
Himmelried
Lützel
Brislach
Laufental
Roderis
Huggerwald
LAUFEN
TCS
Ring
(351)
Breitenbach
755
Wahlen
Fehren
Liesberg
Oberrüti
Soyhières
Wiler
Ruine Neuenstein
Büsserach
Zullwil
Riedes-Dessus
Nied. Riederwald
Meltingen
Bärschwil
Bellerive
Grindel
Erschwil
947
Les Rondez
Beinwil
Lüssel
Montsevelier
Unterbeinwil
Courcelon
Val Terbi
Courroux
Recolaine
Courchapoix
Hohe Winde
Corban
Mervelier
1204
La Scheulte
Schelten
Scheltenpass
1051
Vicques
Courrendlin
Bern
1193
E 27
2006

LEGENDE REISEATLAS

Autobahn · Gebührenpflichtige Anschlußstelle · Gebührenstelle · Anschlußstelle mit Nummer · Rasthaus mit Übernachtung · Raststätte · Erfrischungsstelle · Tankstelle · Parkplatz mit und ohne WC	Trento · 11 · R R E T P P	Motorway · Toll junction · Toll station · Junction with number · Motel · Restaurant · Snackbar · Filling-station · Parking place with and without WC
Autobahn in Bau und geplant mit Datum der Verkehrsübergabe	Datum · Date	Motorway under construction and projected with completion date
Zweibahnige Straße (4-spurig)		Dual carriageway (4 lanes)
Fernverkehrsstraße · Straßennummern	14 · E45	Trunk road · Road numbers
Wichtige Hauptstraße		Important main road
Hauptstraße · Tunnel · Brücke		Main road · Tunnel · Bridge
Nebenstraßen		Minor roads
Fahrweg · Fußweg		Track · Footpath
Wanderweg (Auswahl)		Tourist footpath (selection)
Eisenbahn mit Fernverkehr		Main line railway
Zahnradbahn, Standseilbahn		Rack-railway, funicular
Kabinenschwebebahn · Sessellift		Aerial cableway · Chair-lift
Autofähre		Car ferry
Personenfähre		Passenger ferry
Schiffahrtslinie		Shipping route
Naturschutzgebiet · Sperrgebiet		Nature reserve · Prohibited area
Nationalpark, Naturpark · Wald		National park, natural park · Forest
Straße für Kfz gesperrt		Road closed to motor vehicles
Straße mit Gebühr		Toll road
Straße mit Wintersperre	XII-II	Road closed in winter
Straße für Wohnanhänger gesperrt bzw. nicht empfehlenswert		Road closed or not recommended for caravans
Touristenstraße · Paß	Weinstraße · 1510	Tourist route · Pass
Schöner Ausblick · Rundblick · Landschaftlich bes. schöne Strecke		Scenic view · Panoramic view · Route with beautiful scenery
Golfplatz · Schwimmbad		Golf-course · Swimming pool
Ferienzeltplatz · Zeltplatz		Holiday camp · Transit camp
Jugendherberge · Sprungschanze		Youth hostel · Ski jump
Kirche im Ort, freistehend · Kapelle		Church · Chapel
Kloster · Klosterruine		Monastery · Monastery ruin
Schloß, Burg · Schloß-, Burgruine		Palace, castle · Ruin
Turm · Funk-, Fernsehturm		Tower · Radio-, TV-tower
Leuchtturm · Kraftwerk		Lighthouse · Power station
Wasserfall · Schleuse		Waterfall · Lock
Bauwerk · Marktplatz, Areal		Important building · Market place, area
Ausgrabungs- u. Ruinenstätte · Feldkreuz		Arch. excavation, ruins · Calvary
Dolmen · Menhir		Dolmen · Menhir
Hünen-, Hügelgrab · Soldatenfriedhof		Cairn · Military cemetery
Hotel, Gasthaus, Berghütte · Höhle		Hotel, inn, refuge · Cave
Kultur		**Culture**
Malerisches Ortsbild · Ortshöhe	WIEN (171)	Picturesque town · Elevation
Eine Reise wert	★★ MILANO	Worth a journey
Lohnt einen Umweg	★ TEMPLIN	Worth a detour
Sehenswert	Andermatt	Worth seeing
Landschaft		**Landscape**
Eine Reise wert	★★ Las Cañadas	Worth a journey
Lohnt einen Umweg	★ Texel	Worth a detour
Sehenswert	Dikti	Worth seeing

2 km

Im Register sind alle in diesem Führer erwähnten Orte und Ausflugsziele unter ihrem französischen Namen verzeichnet. Halbfette Seitenzahlen verweisen auf den Haupteintrag, kursive auf ein Foto.

Altkirch 88
Ammerschwihr **66,** 90
Andlau 71
Avolsheim 74
Ban-de-la-Roche 91 f.
Barr 8, **72**
Bastberg 37
Bernstein, Ruine 72 f.
Betschdorf 33
Biesheim 19
Blaesheim 92
Blochmont 88
Bouxwiller 36 f.
Bussang 80
Champ du Feu 92
Chapelle de Saint-Sébastien 72
Chatenois 69
Climontplateau 92
Col de la Steige 92
Colmar 8, 19, 29, *58,* **59 ff.,** 77, 89, 90, 95, 96
Colroy-la-Roche 92
Dambach-la-Ville 72
Donon 8, **57,** 91
Ebersmunster 69
Écomusée 19, **87**
Engelsburg, Ruine 82
Ferrette 88
Fleckenstein, Burg *42,* 43
Fouday 92
Frœningen 88
Geisberg 43
Gérardmer 27
Grand Ballon, Le 8, **80 f.**
Grandfontaine 57, 91
Grendelbruch 29
Guebwiller 8, **79 f.**
Gunsbach 18
Hagenthal-le-Bas 29
Haguenau 31 ff.
Haut Barr **37,** 38
Haut-Kœnigsbourg *70,* 73
Heidenmauer **16 f.,** 57
Hirsingue 87
Hirtzbach 87
Hohenburg, Ruine 43
Hohenstein, Ruine 91
Hunawihr *4,* 18, **73 f.**
Hunspach 43
Husseren-Wesserling 82
Illfurth-Frœningen 88
Illhaeusern 22, **69**
Jardin Botanique 37
Kaysersberg 18, 29, 59, **66,** 90
Kirrwiller 37
Lac Blanc 90
Lac Vert 90
Landser 88
La Petite-Pierre 38
Lautenbach 81
Le Grand Ballon 8, **80 f.**
Le Markstein 81
Lembach 17, 41, 43
Ligne Maginot **17, 43**
Loewenstein, Ruine 43
Lucelle 88
Lutzelbourg 38
Lützelstein, Burg 38
Maginotlinie **17, 43**
Markstein, Le 81
Marlenheim 29, **74**
Masevaux 82
Mémorial National de la Déportation Struthof-Natzwiller **57,** 92
Merkwiller-Pechelbronn 43
Molsheim **74,** 91
Montagne des Singes 73
Mont Sainte-Odile 16, **57,** 92
Mulhouse 8, 11, 15 f., 19, 25, 79, **82 ff.,** 94, 95, 96, 98
Munster **66,** 90
Münstertal **66**
Murbach, Kloster 6, *78,* **82**
Mur Païen **16 f.,** 57
Neuf-Brisach **66 f.,** 89
Neuwiller-lès-Saverne 37 f.
Nideck 91
Niederbronn-les-Bains 43
Niedermorschwihr 59, **74**
Oberburg, Ruine 88
Oberhaslach 91
Obernai 8, **74 f.**
Oltingue 88
Osenbach 27 f.
Ottrott 92
Parc des Cigognes 74
Petite-Pierre, La 38
Plan Incliné 38
Plateau de Climont 92
Plateau des Salm 57, 91
Ranrupt 92
Ribeauvillé 13, *26,* 29
Riedisheim 85
Ringelstein, Ruine 91
Riquewihr 16, **75 f.**
Rixheim 87
Rosheim **76,** 92
Rouffach 28
Route des Crêtes 8, **67,** 90
Route Joffre 82
Saint-Hippolyte 76 f.
Saint-Jean-Saverne 38
Saint-Louis-Arzwiller 38
Salcée 92
Salmplateau 57, 91
Sausheim 86
Saverne 8, *30,* **34 ff.,** 38
Schiffshebewerk 38
Schœnenbourg 17, 43
Seebach 28
Sélestat 6, 29, 59, **67 ff.**
Sessenheim 33 f.
Sigolsheim 89 f.
Soufflenheim 33
Soultzmatt 29
Spesbourg, Ruine 71
Strasbourg 6, 8, 9, 10, 12 f., 16, 18, 19, 21, 22, 25, 28, 29, *44,* **45 ff.,** 91, 93, 95, 96, 97, 98
Struthof-Natzwiller **57,** 92
Sundgau 18, 79, **87 f.**
Thann 28, **82**
Tour Chappe 38
Turckheim 18, **77,** 90
Ungersheim 19, **87**
Vieux Ferrette 88
Volerie des Aigles 73
Waldersbach 91 f.
Wasserfall Nideck 91
Willer-sur-Thur 81
Winkel 88
Wissembourg 38 ff.
Zellenberg 77

Was bekomme ich für mein Geld?

Währungseinheit ist der Französische Franc (FF). Ein Franc ist in 100 Centimes unterteilt. Es gibt Münzen zu 5, 10 und 20 Centimes, im Wert von ½, 1, 2, 5 und 10 Francs sowie Scheine zu 20, 50 100, 200 und 500 Francs. Kleingeld ist insbesondere für die zahlreichen Parkuhren nützlich. Münztelefone sind am Aussterben, man benötigt oft eine Telefonkarte, die man in der Post oder einem Tabakladen erhält. Devisen dürfen unbegrenzt ein- und ausgeführt werden. Seit der Einführung des Euro sind die Wechselkurse zwischen Franc und Mark fest, es gibt aber von Bank zu Bank empfindliche Unterschiede bei den Wechselgebühren.

Benzin ist teurer als in Deutschland, der Liter Bleifrei kostete im Sommer 1999 gut 1,80 Mark, Diesel lag bei gut 1,40 Mark. Die Hotelpreise sind etwas günstiger als in Deutschland, so können Sie im Elsaß für 60–70 Mark pro Nacht ein sehr ordentliches Hotelzimmer mit Bad oder Dusche finden. Für Raucher ist Frankreich nur günstig, wenn sie die einheimischen Marken kaufen: Sie kosten ca. 4,50 Mark, internationale Marken hingegen um 6 Mark. Ein Espresso schlägt meist mit 2 Mark zu Buche.

DM	FF	FF	DM
1	3,35	1	0,30
2	6,71	5	1,49
3	10,06	10	2,98
4	13,42	20	5,96
5	16,77	30	8,94
10	33,54	40	11,93
20	67,08	50	14,91
25	83,85	75	22,36
30	100,62	100	29,82
40	134,15	200	59,63
50	167,69	300	89,45
75	251,54	400	119,27
100	335,39	500	149,08
200	670,77	600	178,90
250	838,46	700	208,72
300	1.006,16	800	238,53
500	1.676,93	900	268,35
750	2.515,39	1.000	298,16
1.000	3.353,85	2.500	745,41
2.000	6.707,71	5.000	1.490,82

Seit 1999 gelten bis zur endgültigen Einführung des Euro die obenstehenden Kurse. Sie sind keinen Schwankungen mehr unterworfen.